逆転出世する人の意外な法則

エリート人事は見た！

平康慶浩
Yoshihiro Hirayasu

プレジデント社

まえがき●同期で一番に係長になると役員になれない？

出世頭という言葉があります。

同期で一番早く出世した人をあらわす言葉です。たとえば入社して一番初めに係長に昇進した人。新人研修の時点からどこか目立っていて、配属先も希望どおり。しばらくしたら直属上司から「君の同期にすごい奴がいるんだって？」という評判を聞くこともあります。同期会では自然とみんながそいつの周りに集まっていく。そして大方の予想どおりに一番に昇進した、そんな羨望の的になるような人のことです。

でもそれから4～5年が過ぎると、おや？　と思うことがあります。

そういえば最近あいつの噂を聞かないなぁ、と。

希望の配属先で責任ある立場に出世してバリバリ活躍しているはずなのに、どうしたんだろう。確認しようにも同期会はもうあまり開催されていません。まぁあいつのことだからそろそろ課長になっているのかも。そう考えて今年の人事発令を見てみると、別の同期が課長になっているけれど、あいつの名前がないことに気づきます。

まぁ何かあったのかな。

そんなことを考えている間にいつしか出世頭だった人の記憶は消えてしまいます。

やがて入社してから20年目の同期会が開かれました。

ぼちぼち部長昇進の芽が見えている奴がいたり、専門職の道を歩んでいたりする奴がいます。転職したり、田舎に帰ったりした奴もいます。

ふと見ると、新人の頃の出世頭が会場の端のほうで柔らかい笑顔で周りに相づちをうっている姿を見つけました。

「最近どう？」

あなたが声をかけると、のんびりした感じで「まぁぼちぼち」と返ってきました。その言葉からは昔の力強さが消えていて、良く言えば大人になっているのだけれど、どこかこぢんまりとまとまっているなぁ、という気にもなります。

あんなにすごかった奴なのに。

そう考えると少しさびしくなって、ついその場を離れて、にぎやかにやっている、今度部長に昇進する同期のところへ席を移してゆきます。そういえばこの同期は入社当時はいまひとつぱっとしなかったなぁ。なのに突然出世して、ずいぶん変わったもんだ、とあなたの頭の中には諸行無常、とか、よどみに浮かぶうたかたは……、とかの言葉が浮かんでいるかもしれません。

でも本当に諸行無常なんでしょうか。

むしろ、**一番に係長に昇進したからこそ、同期の出世頭はそのあとで出世できなくなったん**じゃないでしょうか。そして部長になった同期は、最初にぱっとしていなかったからこそ、遅咲きで突然出世したのではないでしょうか。

私は人事コンサルタントとして、様々な会社の人事制度を設計する際に、過去の評価履歴を確認します。たいていは3年程度さかのぼるだけなのですが、顧問として長くお付き合いする会社の中には、10年の間にマイナーチェンジを含めて3回から4回の制度改定をする場合もあります。環境変化に合わせて評価指標を少し変えてみたり、評価シートの使い勝手を良くしてみたりするような改定もあれば、月給賞与制から完全年俸制に変える場合など様々です。

そうすると、私の手元には10年分ほどの評価履歴が集まることもあります。そしてそれらの履歴データを分析すると、意外な事実が出てきたのです。

たとえばずっと高い評価を取り続けている人がなぜか一番に出世していない。この理由については、拙著『出世する人は人事評価を気にしない』（日本経済新聞出版社）にも記しましたが、要約すると次のようなことでした。目の前の仕事を頑張ることで評価は高くなりますが、出世する際には別の評価基準が用いられるので、評価結果と出世とが関係しなくなるタイミングがくるということです。

さらにわかった事実があります。

一番に出世した人がその後もずっと一番に出世していくわけではない、ということです。

たとえば一番に出世した人が、次の出世のタイミングでは平均程度の出世速度になります。さらにその次には、むしろ遅れてしまうような場合があるのです。

もちろんすべての場合においてそうなっているわけではありません。早く出世した人がそのまま突っ走り続けている場合もたしかにあります。しかし重要なことは、**係長への出世競争で遅れていた人がその後挽回し、部長に一番に昇進したような場合も多かった**ということです。

いや、むしろ挽回した人のほうが、より高みに上っている場合もありました。

たとえば子会社転籍後に復帰して本社の社長に上り詰めた人がいます。課長の時点で一度転職して、その後役員として戻ってきた人がいます。最近では社会人経験を積んでからMBAを取得する人も増えましたが、そういう人の多くは現状に対する問題意識が高いからあえて寄り道をするわけです。もちろんトップクラスの優秀な人も多いのですが、逆に今の自分の評価に不満があるからこそMBA取得を目指す人も多い。そうして新しいキャリアを手に入れて成功する。それまでいた会社の同期たちは、まさかあいつが成功するなんて、と思うことだってあるのです。

そんな彼らは、まさに**逆転出世で成功**した人たちです。

同期や後輩が早く咲くと、その隣にいる私たちは焦りを感じます。時には置いていかれる気持ちにもなるでしょう。

しかし早く咲いたからこそ、早く散る場合もあります。

遅く咲くからこそ、長くあでやかに咲く場合もあります。

近年、私たちのキャリア人生は長くなっています。長いキャリアの中で重要なことは、キャリアの最初に咲くことでしょうか。あるいは最後に最も鮮やかに咲くことでしょうか。あるいは、長く長く咲き続けることでしょうか。

あなたの人生でより良く長く咲くために、成功している人たちの法則をぜひ確認してみてください。

平康慶浩

逆転出世する人の意外な法則

目次

第1章

20代 若い頃の評価こそ気にする必要はない

第2章 30代 役職者になるのは早過ぎないほうがいい

第3章

40代 目指すべきは部長ではなく常務である

第4章 50代 会社にこだわらない成功を目指せ

終章

遅咲きで成功する人、しない人

第1章

20代

若い頃の評価こそ
気にする必要はない

CASE①

IT企業
Aさん

20代

「思ったより評価が低くてショックなんです……」

「同期は抜擢されたけれど、私は今の部署でもう5年なんです。おまけに評価はいまいちで……だからMBAを取って見返してやりたいんですよ」

マネジメントスクールで講義したあとの懇親会で、若いビジネスパーソンからそんな悩みを聞くことがあります。悩みというよりは愚痴に近いものですね。

その日の愚痴の話し手は、某著名SIer＝いわゆる大型情報システム開発を受託する企業の若手エリートAさんでした。一般的に見れば、どう考えても優秀な人です。

でも、自分が受けている評価に不満があるわけで、そのことが酒の席で本音で出てきてしまっている。

そんな愚痴を聞くとき、私は笑って答えるようにしています。

「今受けている評価なんて、10年後、いや5年後には笑って話せるようになりますよ。そんなことを悩む必要はありません」

そう言うと多くの受講生たちは、そういうもんですか？　と不思議そうな顔をします。でもAさんははさらにもう一つ疑い深くて、反論の言葉を口にしました。

「そうはおっしゃっても、給与に差がつくじゃないですか。それが蓄積していくことを考えると、取り戻せないいんじゃないか、って考えることは論理的だと思うんですよね」

そこで私は話を続けます。

「受験を乗り越えて大学に受かったときのことを思い出してみてください。あなたはきっと、高校ではトップクラスだったはずでしょう。じゃあ大学でもトップクラスになれましたか？」

「いや……そうでもないですね」

「じゃあそのとき、あなたよりも教授からの評価が高かった同級生は、就職でもやはりトップクラスでしたか？」

しばらく考え込んで、彼は答えました。

「いや、どこかにエントリーシートを送って落とされたのがショックだったらしく、その後は大学院に行ってますね。そのあとは連絡取ってないんでわかりません」

「なぜそうなるのかわかりますか?」

「それはまぁ……大学で勉強ができても、社会人はそれだけじゃないですからね。営業職だとむしろ勉強ができなかった同期のほうが伸びていたりしますし」

「それと同じことが、会社の中にもあるんです。若手の頃。もっと具体的に言えば、平社員の段階と主任や係長になった段階。そのあとで課長以上の管理職になった段階で、です」

彼は一瞬納得したようにうなずいたのですが、ふと首をかしげて言葉を続けました。

「評価はわかりました。でも抜擢はどうなんでしょう。実際に私の同期は新規部署で課長代理になっているんですよ。一方で私はまだ主任なんです。これってやっぱり差を埋められないんじゃないですか?」

「たしかに、若いうちに抜擢されて、重い役割を与えられて伸びる人はいます。でも、大半の人はそうじゃないんですよ」

彼は不思議そうな顔をしました。

「正確に言うと、多くの日本企業での抜擢は、現在ではなかなか機能しない仕組みになってしまっています。その秘密は人事制度と、企業を取り巻く環境変化にあるんです。だからやっぱり、若い頃の評価や抜擢は気にしないでいいんですよ」

「そういうものでしょうか？」

「逆に、抜擢されてしまうことで積むべき経験を積めないことも多いんです。それよりは今の部署で、しっかりと専門性を高めることと、あとは周囲の人と分け隔てなく付き合うことを心掛けてください」

「なるほど。わかりました！」

酒の力もあってか、元気よく答えた彼ですが、実際のところはあまり納得できていないようでした。

ぜひ彼には、この第1章を読んでもらいたいと思います。

20代のビジネスパーソンが、将来に向けて何を考えて働くべきか、そのポイントをまとめています。

査定に満足している若手なんていない

誰しも新入社員だった頃があります。内定をもらって、入社式、新人研修を経て配属される。そうして学生時代とは異なる環境で、新しいステージで活躍を始めてきました。

やがて1年が過ぎると、昇給、という人事の仕組みに出合います。1年目の額面給与額よりも5000円とか1万円とか増える。なるほど、こうして給与は増えるのか、と実感するわけですが、そこで気付く人がいます。

同期はいくら増えたんだろう？

聞いてみたい気もするけれど、もし自分よりもたくさん増えていたら悔しい。自分よりも少なかったとしたら安心はするけれど、逆に相手から嫌な奴だと思われかねない。逡巡しているとそのうちどこからともなく噂が流れてきたりします。

大半の同期は8000円の昇給だったらしい。けれども一部に1万円昇給した奴がいるらしい、といった具合に。

さて、ではこのとき、８０００円昇給した大半の人たちと、１万円昇給した人たち、どちらが満足しているのでしょう？

実際にある会社の2年目社員たちにアンケートをとってみたことがありますが、結果は興味深いものでした。

とても満足している	3%
満足している	10%
どちらでもない	45%
どちらかといえば不満	30%
不満	12%

全体の結果は右のようになったのですが、満足しているのは全体の13%しかいません。多くの人は「まぁこんなもんだろう」としか思っていないわけです。そして、不満を持っている人たちが42%もいます。

さらにこの傾向は、８０００円昇給した人たちと、１万円昇給した人たちとでほとんど変わらなかったのです。

そこで追加調査をしてみると、こんな言葉を聞くことができました。

まず、8000円昇給した人たちから出た不満は主にこういうものでした。

「評価が間違っていますよ。私は大半の人よりも仕事で結果を出していたはずですから、ほとんどの人と同じように8000円昇給っていうのは納得いかないですね」

なるほど、彼や彼女らが言うことにも一理あるかもしれません。人事評価は、評価する側によって左右される部分があるからです。でも、1年目社員が出す成果にそれほど差があるとも思えない、という反論もできそうです。

また、『薄っぺらいのに自信満々な人』（日本経済新聞出版社）というベストセラーがありますが、そこに示されたように、人は正しい自己評価ができません。だから不満を持っているとしても、それ自体が間違っているのかもしれないですね。

では1万円昇給した人たちは満足していたか、というとそうではないわけです。彼らからはどんな不満が出たのでしょう。それはこういうものでした。

「正直、納得してないですよ。圧倒的な結果を出したからこそ高い評価をもらってるんです。なのに差は2000円ですよ。月2時間残業したらそれでひっくり返るんです。これじゃ何のために結果を出したんだかわからないですね」

評価に差がついて、昇給額に差がついているのなら、たくさん昇給したほうは満足しているだろう、と思いがちですが、そうではないのです。

なぜ良い評価を得ても、悪い評価を得ても、どちらにしても不満を持つのかと言えば、それは評価によって報酬が定まるからです。何をあたりまえのことを、と思うかもしれませんが、**評価によって報酬が定まることは実はあたりまえではありませんでした。**

日本でも戦前には職務給という概念が当然のように使われていました。スキルのある職工が1日働いていくら、というような考え方です。このとき、良い結果を出しているからといって1日当たりの賃金を都度変更することはありませんでした。

第二次世界大戦時代には家族構成や年齢で賃金が決まるようになります。戦後復興の中で年功主義として定着していくこの仕組みでは、やはり評価によって賃金を変えることはほとんどありませんでした。ただし、出世速度で差をつけたり、やりがいのある仕事を任せるなどの、賃金に関係しない報酬は与えられていました。

しかし現在では新人の段階から評価され、報酬に反映されます。そうすることで自律的な成長を期待するとともに、結果を出した人に厚く報いようとするのですが、この人事の仕組みは十分に機能しない場合も多いのです。

人事の専門家たちも様々な検討を進めていますが、ただ一つ言えることは、**新人段階での評価と、将来的な成功や出世とは関係しない**、ということです。2014年に出版した『出世する人は人事評価を気にしない』に詳しく書きましたので、興味のある人はぜひ読んでみてください。

大事なことは、今低い評価を受けたからといって、そこで腐ってしまうとそのまま沈んでいくということ。また、今高い評価を受けたからといって、そこでうぬぼれてしまうとやはりいつかはダメになってしまうということです。

評価を気にせずに仕事に打ち込む姿勢が、将来にわたっての成功を生み出すきっかけになるのです。

スタッフレベルの評価は「パーツとして優秀か」だけ

役職者になる前の段階のスタッフレベル、いわゆる平社員の段階は、企業組織の中でのパーツに過ぎません。
人事制度でそのことを明記している資料に、等級定義、等級基準というものがあります。そこでは、平社員をこんな風に定義しています。

スタッフ等級：**学習し、成長することが求められる**等級。スタッフ等級に求められる行動とは、自分自身の学習と成長だ。そのためにはまず専門性を学ばなければいけない。また、組織の一員として活動するため、自分自身の業務の効率性を常に意識して活動しなければいけない。

この例ではスタッフ＝平社員となりますが、会社の売上や利益に貢献することを求めてはいません。それよりもまず、一人前になることを求めているのです。
一方でこのスタッフ等級の上の階層になると、等級定義はこう変わります。

リーダー等級：**企業としての業績や組織そのものに貢献**することが求められる等級。リーダー等級に求められる行動とは、所属するチームに貢献することだ。そのためには課題を解決してゆくための専門性が必要になる。また、高いレベルでチャレンジするために、周囲との信頼関係を築かなければいけない。

このような定義の違いは、日々求められる働き方や評価の基準にも反映されます。スタッフの間はとにかく「言われたことを素直にこなし」「昨日よりも今日、今日よりも明日、もっとうまくできるようになる」ことを求められます。それは会社や上司の指示に基づいて素直に動くことが求められるパーツのような働き方です。

もちろん会社によっては新人研修もそこそこにすぐに営業現場に配属され、高い数値目標の達成を求められる場合もあります。そういう会社では、新人であろうとも中堅社員であろうとも同じ役割を担うことになりますが、それもまた指示に基づいて結果を出すパーツのような存在です。

もしあなたが、**これから歩んでいく自分自身のキャリアがすべてスタッフレベルのものでよい、と考えるのであれば目の前の評価を気にしたほうが過ごしやすくなる**でしょう。

逆説的に聞こえますが、今の状態を維持し続けるためには、今受けている評価を良くすることが必要なのです。

評価に合わせて給与はゆっくりと増えてゆきます。さらに習熟度が増せば、プライベートの時間を確保しやすくもなるでしょう。実際のところ、そういう選択肢を重視する人は増えつつあります。

その傾向は、自己申告制度の集計結果からも読み取れます。自己申告制度とは毎年、今後のキャリアについてどのように考えているのかを直接人事部門が確認する取り組みです。設問としては次のようなものがあります。

・労働時間の過多：働く時間が長過ぎたりしないか？
・職場でのハラスメントの有無：パワハラ、セクハラなどの行為が周囲で起きていないか？
・異動希望：現在の部署から他の部署への異動を希望するか？　その際の理由は何か？
・転勤希望：現在の勤務地域から、他の勤務地域への転勤を希望するか？　その際の理由は何か？
・学習希望：習得したい知識やスキルはあるか？
・健康面の要望：疾病状況などで不安に思うことはあるか？
・家族面の要望：介護や育児など会社側に対応を希望することはあるか？

弊社が自己申告の収集を代行する際には、このような一般的な項目に加えて、次の項目のうちどれを最も重視するかを確認するようにしています。

□会社の中で責任ある役割（たとえば課長や部長）を目指す
□自分の専門性を高めることを目指す
□困難な課題にチャレンジすることを目指す
□クリエイティブに新しいことを生み出すことを目指す
□誰かに命令されたりせずに自由に生きることを目指す
□社会や周りの人の幸せに貢献することを目指す
□安定した生活を送ることを目指す
□プライベートと仕事とのバランスをうまくとることを目指す

これらは心理学者エドガー・シャインが提唱している八つのキャリアアンカーを簡単に確認しようというものです。キャリアアンカーとは、自力で生活する中でゆずれない最も重要な要

図1-1｜自己申告制度の回答から見るキャリア志向の変化

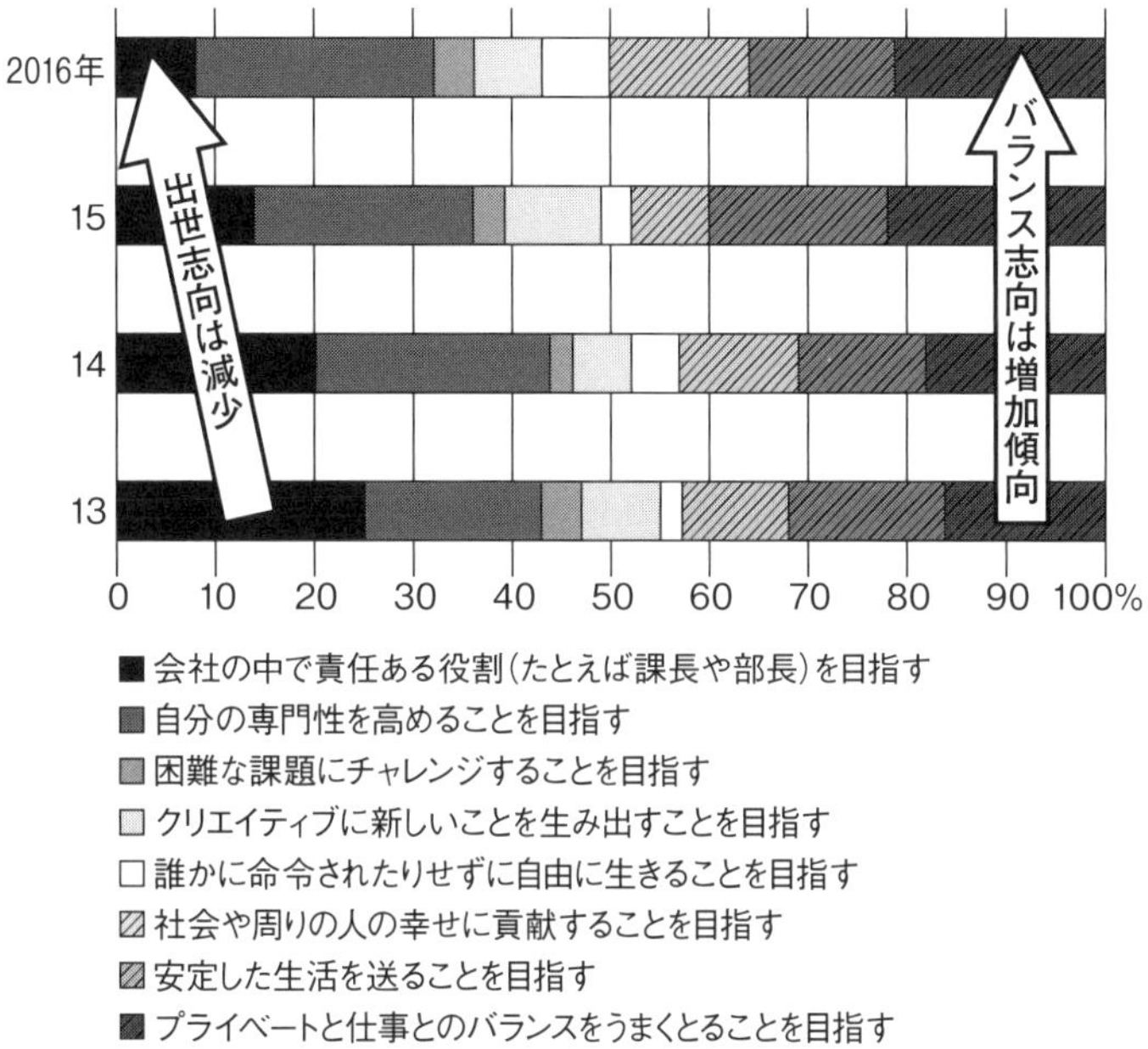

	2013年	14	15	16
会社の中で責任ある役割（たとえば課長や部長）を目指す	25	20	14	8
自分の専門性を高めることを目指す	18	24	22	24
困難な課題にチャレンジすることを目指す	4	2	3	4
クリエイティブに新しいことを生み出すことを目指す	8	6	10	7
誰かに命令されたりせずに自由に生きることを目指す	2	5	3	7
社会や周りの人の幸せに貢献することを目指す	11	12	8	14
安定した生活を送ることを目指す	16	13	18	15
プライベートと仕事とのバランスをうまくとることを目指す	16	18	22	21

%

セレクションアンドバリエーション作成

素をあらわしています。だからキャリアのアンカー（錨）なわけです。

この設問の中で特に意識して確認するのは「会社の中で責任ある役割（たとえば課長や部長）を目指す」という回答と「プライベートと仕事とのバランスをうまくとることを目指す」という回答を選ぶ人の割合です。前者はわかりやすい出世志向の人であり、後者は逆に出世しなくてもよいと考えるタイプの人が選ぶことが多いからです。

弊社で実施した2013年以降のデータを確認すると、実は出世志向の人の割合が減り、出世しなくてもよいと考えるタイプの人の割合が増えています。2013年の時点だと出世志向は25％で、非出世志向は16％ほどでした。しかし2016年の直近データだと、出世志向が約8％、非出世志向が約21％と逆転するようになっているのです。

たしかに、出世していくとどうしてもプライベートは犠牲にせざるを得ない場面が増えます。そうならないように出世はそこそこでいいのでプライベートを大事にしたいという判断は決して不思議なものではありません。

しかしもしあなたが今担当している仕事から早く卒業したい。厳しくなるかもしれないがもっと重要な役割を担いたいとか、責任が増えるかもしれないけれど自分の判断で意思決定できる権限が欲しい、と思うのであれば、今目の前の評価は気にしないほうがよいのです。

なぜなら、スタッフからリーダーに成長し、その先のマネジャーといった管理職に成長していく際には、パーツとしての評価が高くても成長は実感できないからです。

「学歴&見た目」で好スタートを切った人ほど危ない

新卒で会社に入ったあと、同期の優秀さに感動した人は多いんじゃないでしょうか。私も例にもれず、周りの人たちの頭の良さやコミュニケーション能力の高さに、とても感動していました。

新卒採用というのは何度ものスクリーニングをかけて丁寧に判断するものなので、それらを乗り越えて採用された人たちはやはり一定レベル以上の水準をキープしています。普通の人はその中の真ん中くらいに位置するので、大半の人が周りの人を優秀だと感じるのは当然です。

そんな中、最初の研修から目立つタイプの人たちがいます。

たとえば、学生時代にすでに起業していて、考え方や行動が社会人として確立されているような人。

インカレサークルの代表者として活躍していた有名な人。

ハーバード大やスタンフォード大を卒業しました、というようなとびぬけた学歴の人もいれば、ファッションモデルのような見た目の人もいたりします。

新卒の時点から管理職の人たちにウケる要素としては、ゴルフ部出身というものもあったりします。

これらの目立つ要素は、すぐに人に覚えてもらえる、という大きなメリットを持っています。

では、これらの目立つ要素がある人が、そのまま5年後、10年後も活躍しているか、というと決してそうではありません。

そもそも一般的な会社の新卒採用の判断基準では、目立つ要素があるからといって、合格になる仕組みではないのです。ハーバード出身者だから採用するというわけではなく、採用試験の場で示された論理性やディスカッション能力を評価して採用しているわけです。見た目についても好感度は高くなりますが、実際の行動としてのコミュニケーション能力、社交性などが評価されているわけです。

しかし、目立つ要素が強くて、かつそのことを周囲の人に賞賛され続けると、本人にとって不幸なことが生じる場合があります。

持って生まれた能力や、社会人になる前の学生の段階で保有している様々なラベル＝学歴とか資格とかを賞賛されることは、社会人として過ごす中で大きなマイナスの効果を持つ場合があるのです。

それは、人は**能力を褒められると、怠けるようになる**からです。

子育てで言うところの、「能力を褒めると怠け者が育つ」という状態が生まれてしまうのです。

目立っているから優遇される。そうして良い配属先に恵まれたり、社内の有力者たちのネットワークに加えてもらえたりする。そこでもさらに目立っていけばどんどん自信もついてくる。

しかし努力が伴っていないと、やがて結果を生み出せなくなっていきます。

平社員であれば、その間に積んでおくべき経験があります。しておくべき努力があるのですが、それを怠ってしまうと、やがて使いものにならないときがきてしまうのです。

好スタートを切ることは大きなチャンスです。そのチャンスを活かすためには、褒められたことについて謙虚に受け止める必要があります。

さらに、もし可能であれば、褒められている「能力」について、その前提としての行動を返答してみましょう。

たとえば「大学の間に公認会計士試験に受かるなんてすごいねぇ。やっぱり普通の人とは頭の中身が違うんだねぇ」と、やっかみ半分で言われたとしましょう。

そこでもし「いやー、そんなことないですよ」と答えつつ内心で（そうだよ、あんたとは違うんだよ）と思っていると残念な未来にたどり着きやすくなります。

良い回答は、そのときに自分がした行動を答えることです。

「いや、大変だったんですよ。大学の授業以外に、毎日6時間以上の勉強を1年間ずっと続けて、なんとか受かったんです。土日どころか夏休みや冬休みもろくに遊ばなかったんで、損してることのほうが多いかもしれません」

実際のところ、社会人になる年齢で、持って生まれた能力だけで成功している人はほとんどいません。能力というきっかけはあるにしても、そこから必ず行動をしています。自分がそのことを努力と思っていなかったとしても、行動は必ず生じている。そのことを振り返って答えることが重要です。

今の「能力」を得るためにどんな行動をしたのか、ということを自分自身も思い出すことができます。そのことを周囲の人にも知ってもらうことができれば、好スタートを維持しながら、努力し続けることが可能になるでしょう。

若くしてもてはやされると、賞味期限が短い

最初の仕事で大成功してもてはやされた結果、やがて会社にいづらくなって、同期の中で一番に退職していくような事例がたびたび見られます。

たとえばある住宅メーカーでこういう例がありました。

入社から2カ月で、まだ研修段階の新入社員がいました。研修の一環として、とある住宅展示場で営業補助をすることになったのですが、そのときたまたま売れてしまったのです。偶然、先輩がいない一人の状況だったのと、まさか簡単に売れないだろう、という気負いのなさ、そして座学で受けた様々な知識がまだしっかりと頭に残っている状況などがうまく絡み合って、お客様に気に入られました。

もちろんその場ですぐというわけではないのですが、後日彼を直接指名しての相談があり、そこからとんとん拍子に成約に至ったのです。

噂はすぐに拡まりました。入社2カ月で一戸建てを売った社員がいるらしい、と。

社長との会食にも呼ばれたりして、見た目や立ち居振る舞いにも自信があらわれてきます。

そうして研修期間終了後には、鳴り物入りで正式配属されました。

しかしそれからわずか半年後に彼は退職してしまいました。

理由は、営業の虚偽報告が多過ぎるための訓告処分と、それを苦にしての自主退職でした。

そもそも住宅はなかなか売れる商品ではありません。高額ですし、一人の人生の中で何度も購入するような商品ではないからです。そのため、トップクラスの営業社員でも月に1軒売れたら良いほうです。

彼が正式配属後、自信を持って活躍できていたのは2カ月だけでした。努力はするのだけれど、なかなか結果とうまくかみ合いません。そうして結果が出ないと、営業報告に嘘を書くようになりました。

問い合わせがないのに、3件の問い合わせがあった、と報告。そのうち1件は見積もり依頼まであった、と嘘のストーリーを作ってしまいます。そうして上司にその嘘の報告を褒められるともうやめられません。

日報形式での営業報告書も、間違いを助長してしまいました。『御社の営業がダメな理由』（新潮新書）というベストセラーにもあるように、日報はできない社員に言い訳を書かせてし

図1-2｜「能力」と「結果」を褒め続けると部下は伸びない

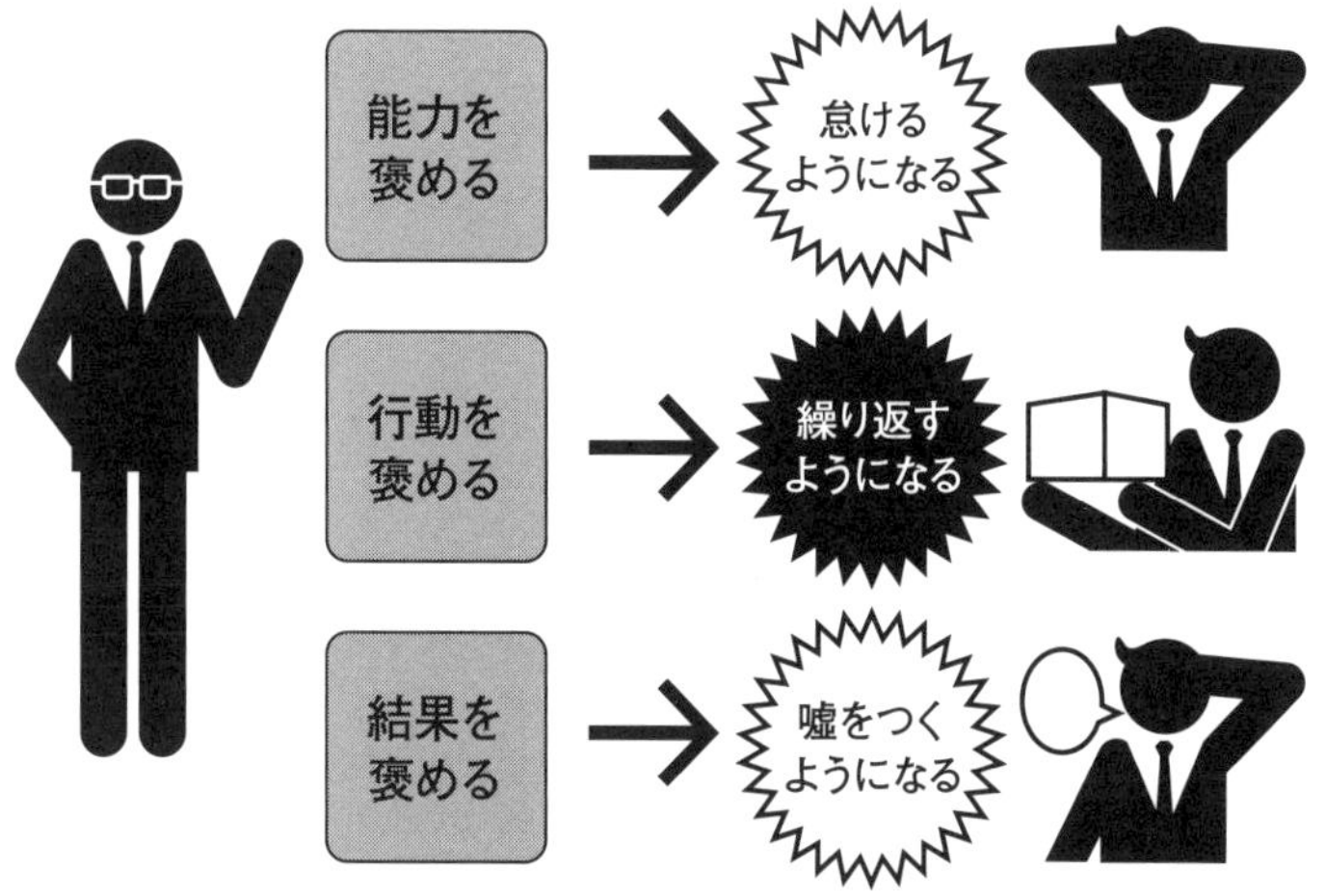

まう仕組みです。それよりも日々面談をするほうが言い訳がしづらいので良いのですが、なかなかそれだけの時間を取ろうとする上司はいません。もちろん彼の上司もそういうタイプではなかったのです。退職する前には彼は、実際の営業を頑張るのではなく、営業報告にどんな内容を書こうか、ということを一日中考えるようになってしまったそうです。

なぜそんなことになるのかと言えば、結果を褒めてしまったからです。**結果を褒め続けると、人は嘘つきになってしまう**のです。

私はマネジメントスクールの講義の場で、子育てと人材育成とを対比させます。その中で、子どもをダメにする最悪の褒め言葉がある、という話をします。

それはこういう褒め言葉です。

「100点を取るなんてえらいね。やっぱり○○ちゃんは天才だねぇ」

先ほど紹介した「能力を褒めると怠け者が育つ」という言葉は、ここでは「やっぱり○○ちゃんは天才だねぇ」という文章にあたります。天才だから努力しなくてもいい、という勘違いが生じてしまう場合があるのです。

さらに「100点を取るなんてえらいね」という言葉で、結果を褒めてしまうと、さらにまずい状態が起きるのです。努力しなくなって結果が出せなくなったときに、隠し事をしたり、嘘をつくようになるからです。学校のテストの場合には、カンニングをするようになったりもします。

社会人の場合、会社の仕組みとして結果を評価することが大半です。それは給与額や賞与額に反映されるものだから、デジタルな結果で評価することが公正だからです。

しかし、日々の上司との関係においても結果だけを認められるようになると、部下は嘘をつくようになってしまうのです。良い結果だけに慣れてしまうと、正直でい続けることが難しくなるのです。

もしあなたが結果を褒められているとすれば、気を付けなければいけません。結果が出なくなったタイミングで、ふとした拍子に、虚偽の報告をしてしまう誘惑が襲ってくるからです。

周りからの評価が低過ぎると感じたら

さてここまで私は、若い頃や、任されている仕事の責任が小さなスタッフ等級の段階では、評価を気にする必要はないということを示してきました。

しかしそれでも自分の評価が気になることがあるでしょう。特にそれが標準よりも低い評価だと、評価を受けたあとしばらくもやもやが続くことも多いと思います。

人事評価の仕組みで言えば、多くの会社ではSを最上位として、A、B+、B、B−、C、D、というように評価ランクを設定しています。

仮にこの評価ランクで、B−よりも下だったらどう考えればよいのでしょう。この場合ですが、会社の人事の仕組みによって判断が変わります。

私が人事制度設計を請け負った会社で、改革前の人事制度の運用について相談を受けたことがあります。ちょうど人事課に所属する若手社員だったのですが、彼は前期にB－の評価でした。そのことについてずっと不満を持っていた彼は、課長に内緒にしてください、という前提で私に相談をしてきました。

開口一番、彼はこう言いました。

「人事課には3人の課員がいるんですが、B－は僕だけなんです。B＋が1人、Bがもう1人だから、僕が一番下ってことですよね。だから課長に、僕のどこが悪くて評価が低いのか教えてください、改善しますから、と聞いたんですけれど、口を濁されるだけなんです。僕はまだ人事評価を最終化するための評価委員会にも出席できる立場じゃないんで、理由もわからないんです」

彼の言葉を聞いて、なるほどこれはいかに人事課長とはいっても説明がしづらいだろうなぁ、と考えました。事前に聞いていたその会社の人事評価方針は、無理やりにでも差をつける、というものだったからです。だから同じ部署に同じ評価の人が複数出るとしたら、必ず相対評価をするように、経営層が指示をしていたのです。この例の彼はそのような運用についてまだ知らされていなかったので、自分だけ評価を下げられた、と感じていたわけです（実際に彼の仕事の大半は勤怠管理と給与計算でした）。

ではなぜ彼がＢ－だったのか、と言えば、実はＢ＋がついていたのは、同じスタッフでも一番先輩にあたる人でした。そしてこの会社では、Ｂ＋以上の評価がつかないと昇進できない仕組みになっていたのです。

だから彼がＢ－の評価結果になっていた理由は「若いから」というものだったのです。

正直なところ、多くの会社でこういった評価の運用がされています。

だから比較的低い評価なのだけれど悪い点をはっきり示されないのであれば、そのことをあまり気にしても仕方ないわけです。

しかし**低い評価を受けて、さらに上司からはっきりと悪い点を指摘されるようであれば、それは直ちに改善すべき**です。

良い評価だからといって安心することはできませんが、低い評価でその理由もはっきりしているのであれば、改善しないままにしておくと、居場所すらなくなってしまうかもしれません。

人事評価における低い評価とは、それが1回であればダメ出しではないのです。警告としてのイエローカードに近いものだと考えてください。

ただし、警告が警告として許されるのは1回まで。相対評価をされるのでない限り、低い評価が2回続いたら、その理由を聞いたうえで、改善できるように頑張ってみましょう。

自己評価が高いことは悪いことではない

誰でも自己評価は高くなりがちだ、ということを紹介しました。

ではそのことをあらかじめ意識して、自己評価は少し低くするほうがよいのでしょうか？

たとえば上司からの人事評価の結果がB＋だったとしたら、（いやいや、自分はまだまだBぐらいだろう）と謙虚さを示すほうが得をするのでしょうか？

ここでは二つの理由から、**自己評価を下げる必要はない**、ということを示します。特に若い間に自己評価を下げてしまうと、大きな問題が生じてしまうのです。

第一に、アンカリングという心理効果があります。

たとえば誰かと交渉をする際に、自分が売り手であれば、売りたい価格よりも高く言う。買い手であれば安く伝えておくことで交渉を有利に進められるようになります。

特に定価がないようなものについて、この交渉テクニックは有効です。自分が描いた絵を買いたい、という人があらわれたとき、「材料代として5000円でいいです」と言ってしまう人は成功しません。むしろそこから安く買いたたかれたりするかもしれないからです。

「この絵はもちろん一点しかないので、50万円なら売ります」と最初に言うと、相手はそこから値段の交渉を始めます。結果として50万円より値段が下がるかもしれませんが、5000円よりは高く売れるわけです。あるいは、「50万円ですが、そんなに欲しがってくれるのであれば、無料で差し上げます」という風に、お金ではなく関係性を構築するためにプレゼントする手段もあります。これもやはり、最初に5000円、と言っていたのではうまくいきません。

仕事の世界、人事の世界でも同様です。高い自己評価を示されると、相手はそこからその人の能力や実績を推測します。高い自己評価をしている、ということはつまり、きっと能力や実績も高いのだろう、と考えるわけです。

第二に、ピグマリオン効果は自分自身にも適用されるということです。

ピグマリオン効果とは、周囲の人が期待を示していると、その人は期待に沿った行動をとるようになる、というものです。そこで自分自身の視点もまた、自分への期待になる、と考えられるわけです。

逆に考えてみてください。（どうせ自分はダメなんだ）と考えてしまっている人は、負の意味でのピグマリオン効果を受けてしまいます。さらにマイナスの意識や行動は周囲の人たちにも移ってしまいます。そうしてやがて、周囲に誰もいなくなってしまうこともあるのです。

有名人を見て「あの人にはオーラがある」という言い方をすることがあります。なるほどどこか雰囲気が違う、ということかもしれませんが、そのオーラの正体は何でしょう？

もしかするといわゆる生体エネルギーなどがあるのかもしれませんが、私はスピリチュアルな世界にはうといのでそこはわかりません。

ビジネスの場で「オーラがある」と言われている人の実態は、たいていが力関係での優位性であったり、自己肯定の意志だったりします。平たく言ってしまえば、オーラの正体は自信です。そして自信というものは、最初から誰にでも備わっているものではないのです。

たとえば日本を代表するような企業の社長が、今はものすごく自信にあふれて話をするのだけれど、創業当時はおどおどしていて気弱そうだった、ということが、当時を知る人によって紹介されたりします。

これもやはり、自己評価が次第に高まりながら、やがて自信に変化していったことによります。

結果が出て自己評価が高まっていく、というステップがもちろん一般的ですが、若いうちには誰も結果なんて出せません。であれば少なくとも、自分だけは自分を信じてみるべきでしょう。

「私やります！」アピール上手はすぐダメになる

若いうちは何でも手を挙げて経験を積むべきだ。

まったくの正論ですし、私自身もそのように育ってきました。

たとえば私がもといた外資系コンサルティングファームで、海外の論文をいくつか集めて、その要旨をまとめてプレゼン資料に反映する、というような新人向けの仕事がありました。日本ではまだメジャーになっていないテーマのもので、概念自体を理解することもなかなか難しい感じです。

「誰かこの仕事やってくれない？」

誰でもいいんだけれど、という感じに上司から仕事を振られたときに、躊躇《ちゅうちょ》せずに「私がやります！」と手を挙げる。その仕事の経験がなくて自信がなかったとしても、手を挙げるだけで経験が積めるのであれば、それは大きなチャンスだからです。そして経験すれば成長することができるのです。

しかし**未経験の仕事に手を挙げ過ぎると、別のことがおろそかになってしまいます。**

たしかに新しい経験は華やかに見えます。新しいプロジェクトや新しい配置先。特に会社が期待を込めて新設するような部署に手を挙げることは、周囲に対するアピールにもなります。

そうしてどんどん新しい経験を積んでいったその先に、手に入れるものが何か、ということを考えないまま、新しいことばかりに手を挙げ続けると結局のところ、目立ちはするけれどできない人になってしまいます。

なぜそうなるのか、と言えば、それは特定の専門性を育てていないから。

未経験の仕事に手を挙げることが有効なのは、まったく何もできない専門性がないタイミングか、専門性の切り替えをしたいタイミングに限られます。

しかし一度なんらかの専門性が手に入りそうになったのなら、新しいことに手を出すよりは、まずその専門性を深掘りしてみることが重要です。

先ほどの例で言えば、日本でまだメジャーになっていないテーマの論文を翻訳してまとめたのであれば、もしかするとその時点で日本での第一人者になれるチャンスを得ているかもしれないわけです。

しかしそんな状態なのにもかかわらず、また別の仕事の機会があればそちらに手を挙げてしまう。そうすると「便利な奴」という評判とともに重宝されるようにはなるでしょうが、結局のところ専門性が育たないまま、各所につながりだけが増えていきます。

つながりが増えることだけで満足する人もいます。社内に親しい人が増えれば、会社に行くこと自体が楽しくなります。つながりの多さはやがて自信となり、前向きな行動を後押しするでしょう。

しかし20代も後半になれば、つながりだけでできることは減ってきます。それでなくても環境変化の激しい時代です。自分の判断のよりどころとなる専門性が育っていなければ、居場所すらなくなるかもしれません。

ただ、つながりだけを徹底して拡げていくことで成功する道もあることは事実です。それはどこにどんな専門家がいるのかを熟知している、社内のつなぎ役のような存在になることです。組織の中の誰が何を知っているのか、ということそのものを知っておく、組織のトランザクティブ・メモリーという概念があります。このメモリーが充実していることが、組織そのものの記憶力を高め、組織として生み出す成果を高めていく（※）というものです。

そこまでつながりに特化することができるのであれば、それもまた成功のための選択肢となるでしょう。

誰からも嫌われない人は、誰にも評価されてない

社会人になってもいじめがあります。最近だとパワー・ハラスメント、モラル・ハラスメント、という言い方のほうがしっくりくるかもしれません。私が顧問としてお手伝いしている会社の中にも、いつもハラスメントを起こしてしまう問題管理職がたまにいます。

キャリアの初期にこういったハラスメントをするような人と一緒に過ごすことになると大変です。精神的にも落ち込みやすくなるし、実際にそうして鬱《うつ》状態になってしまった人もいます。

ハラスメントが一番怖いのは、自己評価を下げてしまうことです。自己評価が次第に高くなりながら自信となっていくのとちょうど逆に、ハラスメントによって自己評価をどんどん下げられてしまい、結果として自信を失わせられてしまうことが恐ろしいのです。

会社によってはこういったハラスメントを意図的に行っている会社もあります。たとえば訪問販売型の営業で伸びたある会社では、新人に対して最初に一番厳しい営業を経験させます。以前飛び込み営業で手ひどく断られた家に、そ知らぬふりで飛び込み営業を指示したりするのです。

もちろん新人は手ひどく断られショックを受けます。そこで上司はなぐさめるのではなく、さらに追い打ちをかけます。お前が無能だからだ、人間としての価値がない、そんなんじゃどこに行っても何もできない、いつでも辞めてしまえ、などなど。一方で、上司の言うとおりに行動して結果が出たときにはやさしい言葉をかけたりするのです。

そうしてどんどん人格否定をしていくと、やがて上司に気に入られるためだったら何でもするような従順な従業員が育ちます。もちろん、100人採用した新人のうち、95人までは辞めてしまうのですが、残った5人は上司と同じようなハラスメント行動をとる、従順なコピーに

※入山章栄『世界の経営学者はいま何を考えているのか』英治出版、2012年

育つわけです。

このようなブラック企業は極端かもしれませんが、一つ言えることは、ビジネスの場で誰かに対してハラスメントをしたり、あるいはそれに類するマイナスの行動をとる人というのは、猿の世界で言うところのマウンティングとして行動している場合が多いということです。

ハラスメントをしてまで排除したいライバルになる可能性があるとか、あるいは取り込んでしまいたい相手があなたなのかもしれません。それはすなわち、あなたを認めている要素が少なからずある、ということです。

だから**ハラスメントを受けているということは、そのことについて自信を持っていいということ**でもあります。

もちろんハラスメントを受けることはつらいことです。だからもしあなたがこの人にならら従ってもいい、と思えるのであれば当面だけでも従ってしまうことも一つの手段です。ことわざにある「長いものには巻かれよ」ということは大人の処世術でもあるわけです。

そうして人間関係で苦労した人ほど、苦労が糧になります。

逆に人間関係に苦労しなかった人はどうなるでしょう?

実はそもそも、人間関係に苦労しない人はいません。周りから見ていて、まったく苦労していなさそうだな、という人であっても、よくよく話を聞いてみれば様々な苦労をしています。

大事なことは、その苦労を乗り越えてきているかどうか。

もし人間関係で悩むときがあれば、この苦労を乗り越えた先に成長があるということを思い出してみてください。

早期転職・独立で大成功する人、落ちていく人

最初に入った会社では3年は勤め上げなさい。そうしないと、どこの会社に行ったとしても長続きしません。ということをもっともらしく助言されたのは2000年初頭くらいまででしょうか。

もちろん今でも「石の上にも三年」派の人はいますが、そうでない人たちが増えていることもまた事実です。実際私が20代の人から助言を求められるときには、「別に3日で辞めてもいいんじゃない？」と答えることにしています。

なぜなら早く会社に見切りをつけて転職や起業をした人の中に大成功している人たちがいるのを見てきたからです。そして逆に、最初に入った会社が合わないと感じながらも20年間我慢しながら勤務してきて、結局合わないままリストラされた人たちも見てきたからです。

結局のところ、どのような選択が正しいのでしょうか。それは**「合わない」感覚にどう向い合うか**ということになります。

最初に入った会社で希望の職種に就けなかったとか、都心で働けると思っていたら田舎に配属になったとか、上司や同僚に嫌な奴がいて会社に行きたくないとか、いろいろな理由で「合わない」と感じることがあります。

この「合わない」という感覚を我慢することに意味があったのはなぜなのか、ということを考えると、正しい選択に近づく秘密がわかりそうです。

合わないけれども我慢して身に付くものは一体何でしょう。

忍耐力？　たしかにそれはあるかもしれませんが、会社の中の仕組みとして身に付くものが三つあります。

第一に、その会社の社風に親しむこと。第二に、リスクを取らなくて済むことの安心感。第三に、自然に増えていく給与です。

そう、**一つの会社で我慢して勤めなさい、という助言の背景には、伝統的日本企業のマネジメントがある**のです。

社風に親しめば、その会社の典型的な従業員になってゆきます。たとえば都市銀行でも「あのイケイケな感じはまさにS銀行系って感じだよな」とか「あの堅苦しさはさすがT銀行系」とか「M銀行系は紳士だけれどおとなしいんだよな」と言われたりしていました。良い面も悪い面もあるけれど、それをのみ込んで実践することが社風のあり方だと言えるでしょう。

そして終身雇用と年功序列が一般的だということは、従業員ではなく会社側が人事にかかるリスクを取ってくれていたということです。

その結果として給与は外資系に比べて多くはないけれど、生活に必要な金額くらいは順調に増えていって、基本的には下がることはない。出世頭とそうでない人との間でも、それほど給与差はつかないので勝ち組負け組的な優越感や嫉妬も生じにくいということがありました。

だからもしその人がいる会社が伝統的日本企業であるとすれば、そしてその人が入社して定年退職するまでの40数年ほどの間、ずっとその状態を維持していられるとすれば、長く勤めることが正しい選択になるでしょう。

しかしそうでないとすれば？

その場合には「合わない」の先にあるものを自分でつくり上げなければいけません。先ほど示した「身に付くもの」の言い換えになりますが、「この会社にいてどんな行動様式が手に入るのか」「回避されるリスクと取らなければいけないリスクには何があるのか」「処遇でどのように報われるのか」ということはわかりやすい判断基準です。

中でも**行動様式はとても重要**です。

たとえばチャレンジすることが大好きな人が、何をするにしても3部署以上の稟議を経てからでないと実行できない会社に入ってしまったとしましょう。だとすれば、この会社にい続けることでその人が手にするものは、稟議をしっかりとしてからチャレンジするという行動です。それはチャレンジの成功確率を高めるかもしれませんが、タイミングを逃してしまい結局チャレンジそのものの回数を減らしてしまうかもしれません。

リスクを判断することは行動様式よりも難しいのですが、同時期に別の会社に入社した同期と定期的に連絡を取り合っていればわかるようになります。たとえば大手製薬メーカーの研究開発部門に配属された結果、会社の看板があるので様々な研究会などに出席しやすくなったけれども、社内で担当できるのは雑用ばかりという状態と、ライフサイエンス系ベンチャーに入ったので小さいテーマながらいきなり責任者として研究をする機会を得ているけれど、自力でコネクションをつくらなければいけないという状態。それぞれのリスクを客観的に見られるようになれば、今この会社で頑張るべきかどうかが判断しやすくなります。

最後に処遇ですが、20代での現時点としての処遇にはあまり意味がありません。大事なことは未来の処遇です。仕組みで言えば、昇給幅と利益配分が妥当かどうかで判断できます。要はどこまで受け取れる可能性があるのか、成長は認められるのか、ということです。これはお金だけではなく、福利厚生やステイタス的な部分も含めて考えてもよいでしょう。個人的に助言するとすれば、**役員手前の段階での年収がどれくらいなのか、ということを基準にして判断してみる**ことを勧めています。

「行動様式」「リスク」「未来の処遇」という三つの基準で考えていくと、3年という期間の意味は小さくなります。三つの基準すべてが合わないのであれば1日も早く転職するべきでしょうし、一つだけ合わないくらいなら、あとの二つのために今の場所で頑張るほうがよいかもしれません。

そういう基準ではなく、なんとなく周囲の人がそうだから、といってついていってしまうと結果としては残念なことになるでしょう。

優秀な同期より、話の合わない上司と付き合え？

どうしても現時点で十分に評価されていない、と感じるのであれば、**付き合う人を変える**ことをお勧めします。

20代のビジネスパーソンであれば、付き合う人の選択肢は次の5種類に絞れるのではないでしょうか。

①同期や年の近い同僚
②少し年上の先輩
③上司やさらに上の上司
④顧客や取引先など新しく出会った人
⑤学生時代の友人

この五つの選択肢のうち、どれを選ぶのが正解でしょう？

私が今までに書いた本、『出世する人は人事評価を気にしない』『出世する人は一次会だけ参

図1-3｜誰との付き合いを最も重視すべきか？

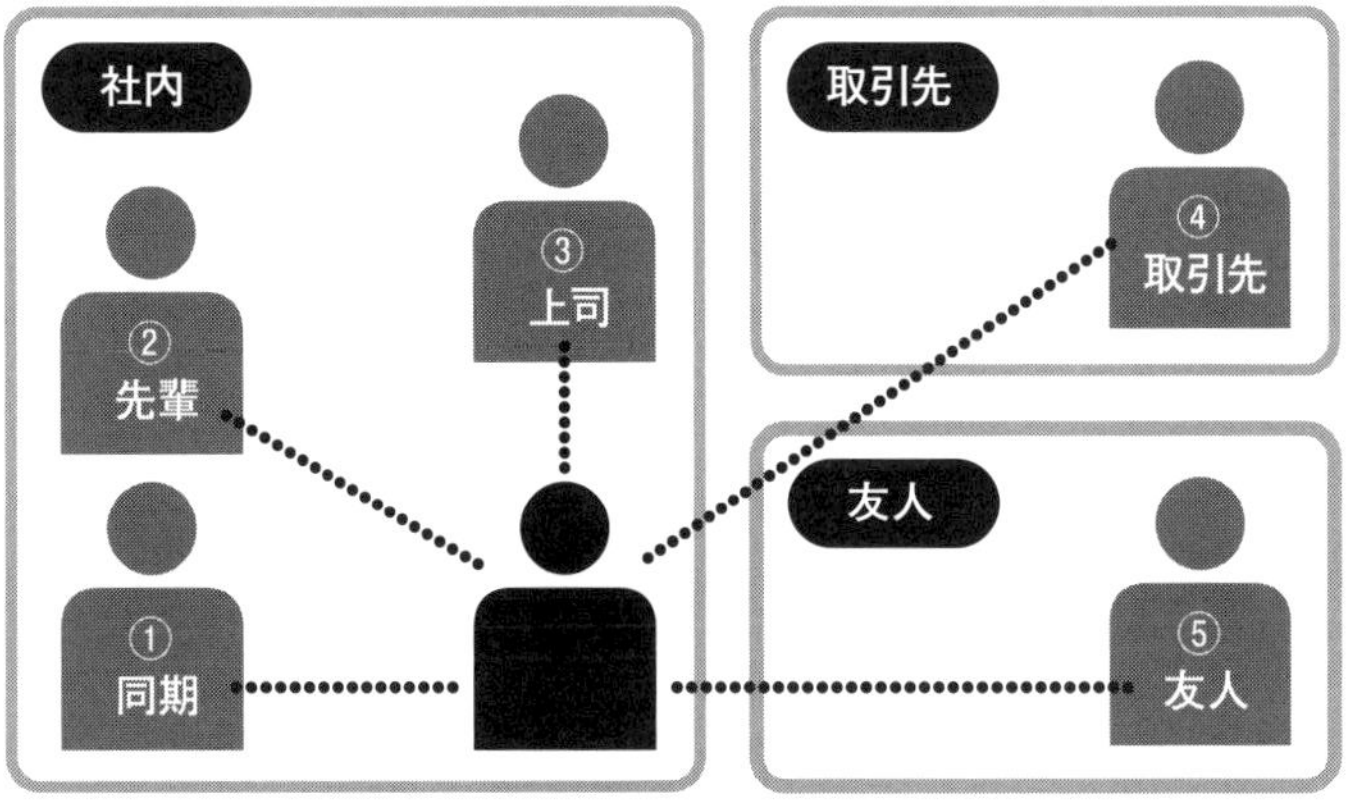

出世を目指すなら③④だが、そこだけでは行き詰まる！

加します』（いずれも日本経済新聞出版社）や『課長1年目の教科書』（かんき出版）を読まれた人だったら、③が正解だ、と思われることでしょう。

たしかに、**あなたが会社の中での出世を目指すのであれば③が正解です。あるいは④という選択肢も有効です。**

会社の中で評価されていない人は、たいていの場合①や②や⑤との付き合いがメインで、③や④の付き合いを優先していません。それはともすれば上司に媚びることだったり、客に媚びることに見えたりするので、格好悪くも感じるからでしょう。一方で同期や少し年上の先輩、学生時代の友人たちとつるむことは刺激的で気晴らしにもなります。しかしいつまでもそのような関係だけをつくっていると、社内政治に気付かないまま、希望しない仕事に追いやられたり、③や④の付き合いを重視する同期や後輩に追い抜かれたりしていくかもしれません。

しかし**もし、より広い意味での出世を目指すのであれば？** それはたとえば遅咲きという言葉で示されるような、より長く、より高く成功し続ける出世を手に入れるためであればどれを選ぶべきでしょうか？

その場合の正解は、そもそも**「付き合う相手を選ぶ」という発想から自由になる**ことです。

たとえば上司にゴルフに誘われていた土曜日の前日、急に学生時代の親しい友人からバーベキューに誘われたとします。会社の中で出世するタイプの人は上司との約束を優先します。一方で会社の中で出世しないタイプの人は、体調不良などを理由に上司との約束を断り、友人からの誘いを優先します。

それらの判断は、付き合う相手を選ぶからこそ生まれてくる選択です。

しかし私がお勧めしたいのは、このときの優先順位の判断基準をもっとシンプルにしてしまうことです。たとえば、単純に先約を優先する、ということが一番わかりやすいのではないでしょうか。そしてそのことを相手にも伝えましょう。

そうすれば相手に、あなたがフェアであるという事実が伝わります。中長期の人間関係において最も重要であることは、「大切にされている」実感ではなく「フェアである」ということなのです。

「大切にされている」ということは、大切にされない人がいるということを示します。しかし「フェアである」人はフェアでないことをしません。そうして生まれる人間関係こそが長くたしかに続いていきます。

現時点で十分に評価されていなかったとしても、フェアな人間関係を築いていく人は、たしかな評価を積んでいくことができます。そうして生まれた評価がやがてその人にチャンスをもたらしてくれるのです。

処方箋

①

「5年後に頭角をあらわす」20代がやっておくべきこと

- □評価を気にせず仕事に打ち込む
- □能力を褒められたら忘れる
- □結果を褒められたら偶然だと考える
- □行動を褒められたら喜ぶ
- □行動の改善を促されたらまずはやってみる
- □自分の価値を信じる
- □人間関係の苦労は乗り越え方を考える
- □「行動様式」「リスク」「未来の処遇」で判断する
- □「付き合う相手を選ぶ」という発想から自由になる

第2章

30代

役職者になるのは早過ぎないほうがいい

CASE②

メーカー
Bさん

30代

「同期がどんどん課長になっていくのに私だけ……」

ある会社で人事改革をしていたとき、人事部長から「これは本来の仕事ではないんですが……」と依頼をされたことがあります。それは悩んでいる社員の相談に乗ってほしいということでした。

人事部長が2度ほど面談をしたのですが、まったく聞き入れてくれないので、なんとか納得させてやってほしいとのこと。具体的には今回の昇進判断で自分がなぜ課長級に上がれなかったのか、納得がいかないということへの回答でした。

人事部長が事前に教えてくれた理由はわかりやすいものでした。

たしかに課長昇進の要件は満たしているのですが、直近で課長級のポストが空いていないのです。だから焦らなくても、最適なポストが空き次第昇進できる、という話をしているのだけれど、「じゃあ同期の誰それはなぜ課長になったんですか。その理由がわかりません」と納得してくれないというものだったのです。

そうして、面談室で私の前にあらわれたBさんは、いかにも仕事ができそうな30代半ばの女性でした。

開口一番、彼女は言いました。

「結局昇進できない理由を告げられるだけだったら、この面談は不要です」

思わず苦笑する私に、さらに彼女は言葉を続けます。

「今回の人事制度改革で、上が空かないと昇進できない仕組みに変更したんですよね。でもそれ以前は誰でも上がれたわけですよね。なんで私の世代がそんなひどい仕打ちを受けて、もっと上の世代の人たちはぬくぬくと安住しているんですか。会社が何を考えているのか、まったくわからないです」

「わかりました。私から話せるのはおっしゃるように、いずれにしても今期の昇進は無理です、ということなんで、人事制度の仕組みについて客観的に話してみましょうか。それならあなたの時間も無駄にならないでしょう？」

「そうですね。なぜこんな仕組みにしたのか教えてください」

言い切り型の口調が自信をうかがわせる人でした。だからあえて丁寧に答えてみました。

「課長になれるだけの能力を持っている人はポストにかかわらず昇進できる仕組みと、能力はあってもポストがなければ昇進できない仕組み。どちらが従業員にとっていいんでしょう?」

「それはもちろん前者でしょう。だって昇進すれば給与も増え、ステイタスも上がるわけですし」

「じゃあ会社にとってみれば?」

「それはまあ、後者だからそうしたわけですよね。意味がわかりませんけれど」

「なるほど。じゃあそうしてポストがなくても課長になれる仕組みが続いてきたわけで、今の課長にはそういう人が多いわけですよね。実際、その中で課長にふさわしい人はどれくらいいますか?」

「せいぜい半分ですね。できる人は部長になってますし、年功で課長になったんじゃないか、って人もたくさんいますから」

そう答えて、彼女は自分の言葉に少し首をかしげました。そこで私はもう少し質問を続けてみました。

「想像してみてください。課長として昇進したんだけれど、ある人には10人の部下ができて課長の責任が負わされる。でも同じように昇進した別の課長には部下がいなくて、係長時代と同じような仕事を一人でやっている」

そう言って私が黙ると、彼女も黙って少し考え込んでいるようでした。

「で、1年後。どちらが成長していますか？」

「それは部下がいる人のほうですよね」

「なぜ？」

「部下のマネジメントが大変だから、でしょうね」

「なるほど。じゃあそのまま5年が過ぎたとしましょう。その差はもっと大きくなっていますか？」

「それはそうでしょう」

「じゃあそのときの下の立場の人から見たら、部下のいない課長は、さっきあなたが言っていた、できる課長とできない課長のどちら側にいますか？」

「できない……課長側……ですね……」

「ありがとう。で、あなたは部下なしでいいから課長になりたいということでOK？」

彼女が言葉に詰まるのがわかったので、私は頭をかきながら謝りました。「いや、言葉尻を捉えるつもりはないんです。ただね、きっちりとした責任と権限がない状況で肩書だけ上がっても、結局そのあとで使えない人になってしまう、ということをわかってほしかったんです。会社はあなたに期待していますよ。それでなくてもこれからは女性が活躍する時代だと言われています。よその会社では、多少下駄をはかせてでも、女性管理職を増やそうとしているくらいです。でもこの会社では、ポジションがないからあえて無理に昇進させずにいる、ということは、それだけこれからの成長に期待しているんです。そのことをわかってやってもらえませんか？」

不承不承納得したようにうなずく彼女に、私はもう一つだけ助言を口にしました。

「せっかくなんで今係長でいる間に積むべき経験をたくさん積んでおいたらいかがでしょう。専門性だけじゃなくて、周囲の人との人間関係とか。土台がしっかりしていない積み木がもろいように、経験と人間関係がないままで責任と権限を獲得すると、転んだときに大けがをすることが多いみたいですから」

「まぁ……わかりました」

それから1年間、彼女は元の快活さを取り戻して活躍したと聞きました。そして1年後には晴れて課長のポストに就いたそうです。

早過ぎる昇進は社内政治にやられやすい

年功序列が薄れてきているとはいえ、だいたいこれくらいの年齢にならないと昇進できない、という基準は多くの会社に残っています。そんな中でも特に早く昇進するタイプの人がいます。もちろん周囲に認められる優秀な人で、将来の経営幹部候補と言われることもあたりまえのようにあります。

しかし世の中の役員を見てみると、出世頭がそのままトップを走り続けて役員にまでなるという例ばかりではありません。いや、むしろそうでない人のほうが多いような印象すらあります。

何か秘密があるのでしょうか？

わかりやすい理由としては、**課長や部長に求められる資質と、役員に求められる資質が違う、**ということがあります。これは昇進判断の際に、上のポストになるほど卒業基準ではなく入学基準で選ばれるようになることからもわかります。

図2-1｜どんなタイプが役員になりやすい？

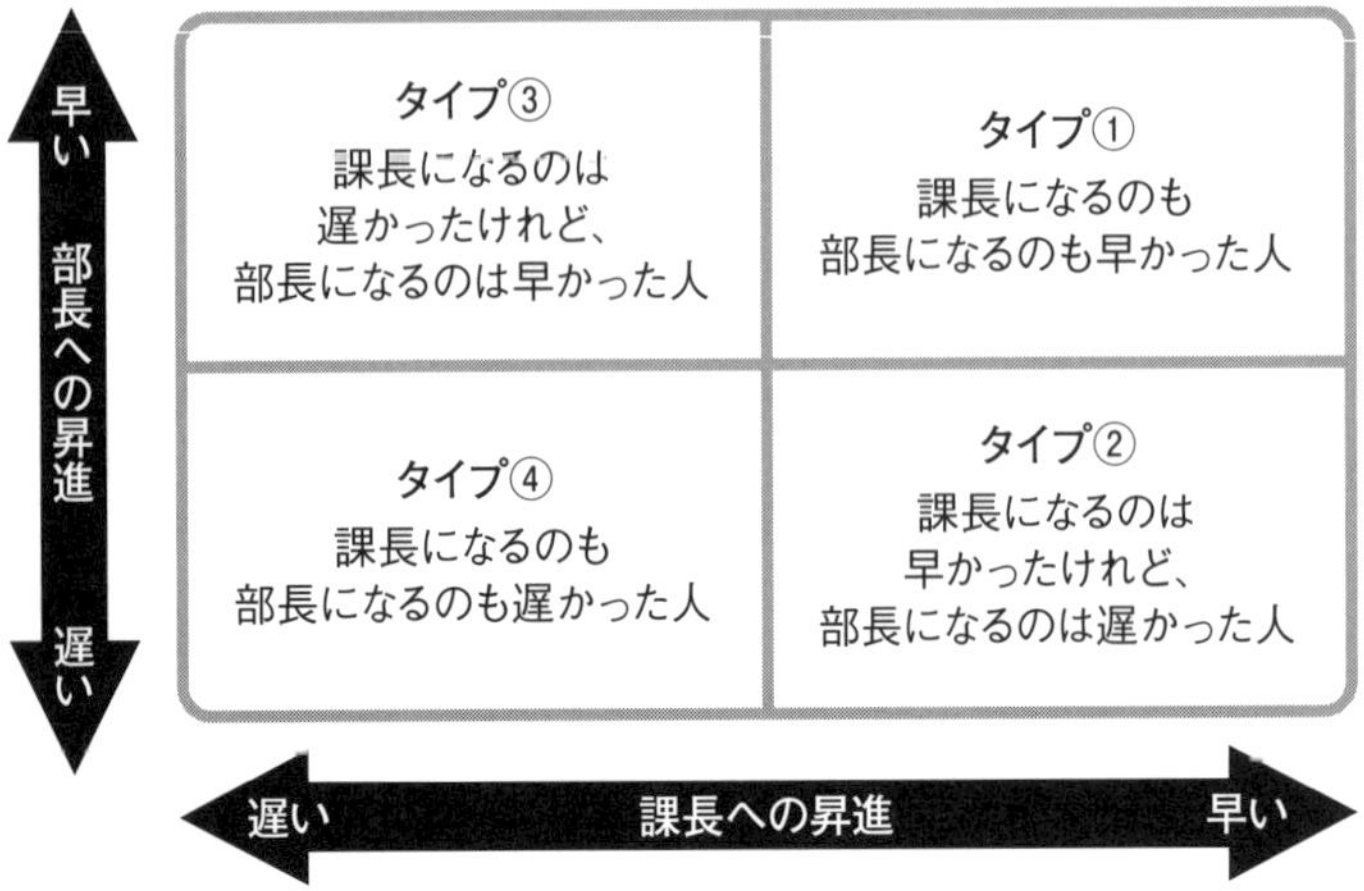

しかしそれ以外の事情もあります。

かつてあるプロジェクトで、どのような昇進ルートを経てきた人が役員になりやすいのか、ということを分析しました。そのときの検討ポイントは、どういった部署を経験させれば効率的に役員を育てられるのか、ということだったのですが、残念ながらその意味では有効な分析結果が出ませんでした。

しかし別の視点で分析したときにわかったことがありました。それは、課長、部長それぞれの代表的ポストに昇進した年齢と、最終的に役員になれたかどうかということの関係です。**あなたなら次の四つのタイプのうち、どの人が役員になりやすいという結果になったと思いますか？**

①課長になるのも部長になるのも早かった人
②課長になるのは早かったけれど、部長になるのは遅かった人
③課長になるのは遅かったけれど、部長になるのは早かった人
④課長になるのも部長になるのも遅かった人

正解は、③です。課長になるのは遅かったけれど、部長になるのは早かった人。そしてその次が①です。課長になるのも部長になるのも早かった人でした。

さらに、②と④から役員になった人はいませんでした。

普通に考えると①が一番早そうですが、そうではないのです。むしろ、早く課長になった人のほとんどはそのまま②のように、部長になれなかったか、平均よりも遅くに部長になってしまっていました。

理由は簡単です。**早く課長になった人には敵が多かった**のです。

本人が気付いていなくても、優秀な人はそれだけで敵をつくることがあります。なぜならライバル心はたいていの場合、下から上への一方通行だから。下の立場の人は上の立場の人をライバルだと思っていますが、上の立場の人はさらに上の立場の人をライバルだと感じます。その結果として、下の立場の人はライバル心を嫉妬心に発展させてしまったりするのです。

そこに悪意がなかったとしても、出世頭の何でもないようなミスが大げさに語られるようになったり、想像を交えた噂話が拡まったりもします。

また、かつての先輩たちも、年下の出世頭には敏感に反応します。並ばれただけでも悔しいのに、もしかすると追い越されるかもしれないと思うと、理屈どおりの協力をしてくれないことだってあるでしょう。

これらを総じて、社内政治と言い換えることができます。


一方、平均的なタイミングで課長になったのであれば、こういったややこしい社内政治に巻き込まれにくくなります。また、課長になるまでのタイミングで、他の部署との関係をつくっておく機会がより多くなっています。

そうして出世頭が嫉妬心や悪意のある噂話、先輩からの嫉妬などの社内政治、でちょっとした仕事を進めるにも苦労している頃に、あとから課長になることで人脈と経験をうまく活かして活躍する人が生まれてきます。そういった人が③のように、早く部長に昇進することになるのです。

そうして部長にまでなると、簡単に社内政治にはやられなくなります。運も絡んできますが、

③のタイプは部長に抜擢されたその勢いを維持したままに役員になることも多いようです。実際のところ、日本の有力企業30社の役員380人の分析結果では、役員になっている人は、平均して部長の時期は4年しかないのです。

とはいえ、もし早く課長になって、その後社内政治でやられてしまったらどうすべきでしょう?

昔と違い今では転職という選択肢が有効です。特に今30代で、しかも社内の平均よりも早く課長になっているとすれば、転職市場ではとても魅力的に映ることでしょう。早く課長になり過ぎたために困ることになったら、いち早く社外に出てキャリアをさらに積んでいくことも考えるといいでしょう。

早期選抜は思ったほど浸透していない

実際のところ、とびぬけて早く昇進させるような人事はあまり導入されていません。201

5年時点でも、管理職への昇進速度を早期化させている企業は全体の27%です。逆に12%の企業では遅くさせることもあるのです（※）。

そして日本での平均的な課長昇進年齢はおよそ38〜40歳ですが、諸外国はどうでしょう？オープンになっているデータはそれほどありませんが、たとえば次のような統計（※※）を見つけることができます。

・日本の課長昇進年齢　38・6歳
・米国の課長昇進年齢　34・6歳
・タイの課長昇進年齢　30・9歳
・インドの課長昇進年齢　29・2歳
・中国の課長昇進年齢　28・3歳

どうも日本の昇進年齢はずいぶんと遅そうです。そしてそこから早期化しようという取り組みはまだ4社に1社ほど。

これから昇進年齢の早期化は進むのでしょうか？

昇進年齢の早期化については、まだ少なくとも5年ほどは進まない可能性が高いと考えています。理由はそもそも検討を進めている企業が少ないから。

実際、弊社セレクションアンドバリエーションでは2015年の6月から9月にかけて、人事専門誌である『月刊 人事マネジメント』と、三井住友銀行系の教育研修会社であるSMBCコンサルティングとの連携により、「経営幹部、プロフェッショナルの早期選抜・育成の方法と効果測定」と題した特集記事の掲載と、タイアップでのセミナーを開催しました。

しかし多くの経営層や人事専門家たちは、早期選抜というトピックを、すぐに対応すべき課題だと認識はしていない、という結果に終わりました。人事の改革には時間がかかります。2015年時点で手を着け始める企業がまだ4社に1社程度であれば、2020年になったあたりでもそれほど状況は変わらないと考えられます。

では、なぜこのような状況は生まれているのでしょうか？

※『労政時報』3885号（2015年3月27日）
※※リクルートワークス研究所　2015年4月9日プレスリリース

図2-2｜日本は諸外国に比べて管理職昇進年齢が高い

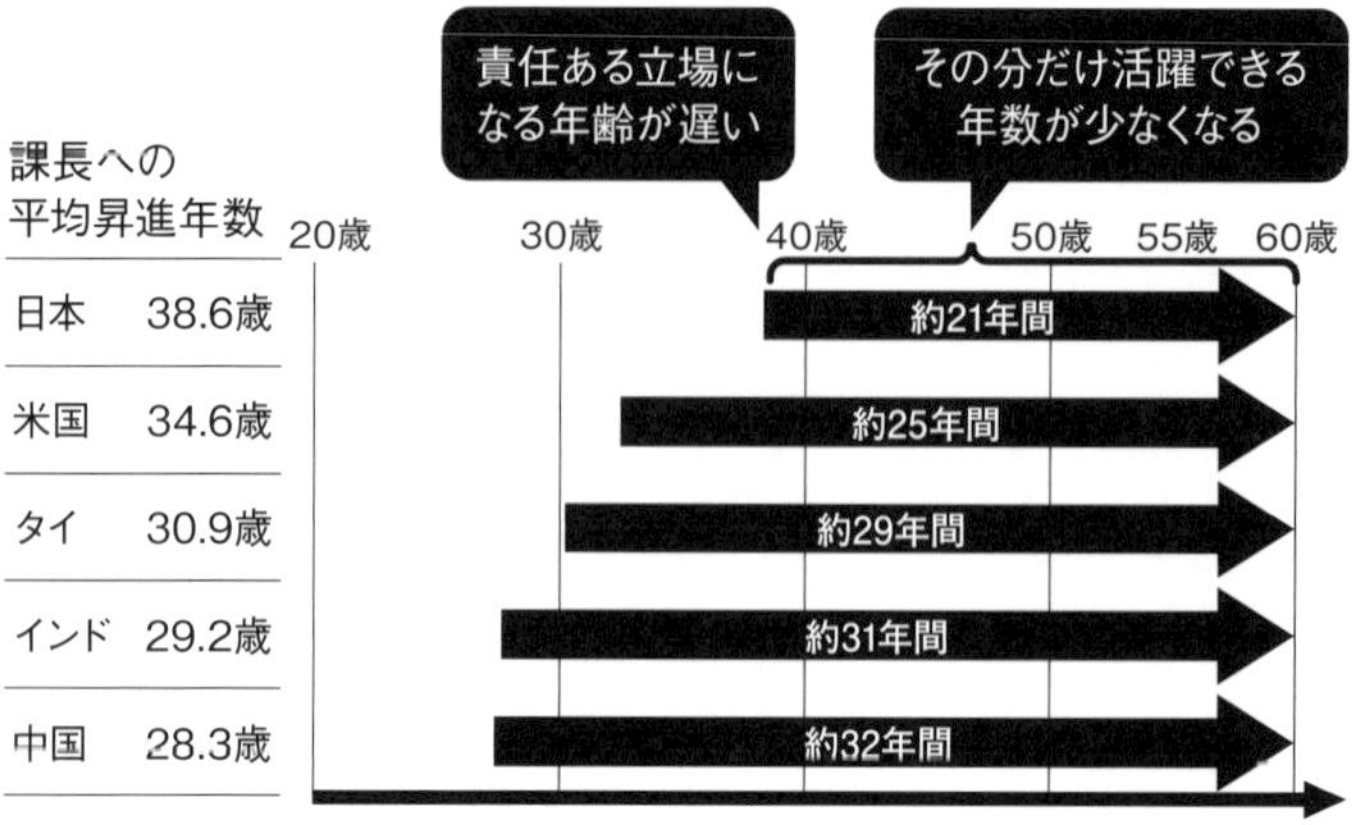

リクルートワークス研究所 2015年4月9日プレスリリースをもとにセレクションアンドバリエーション加工

40代にならないと課長クラスの責任ある立場で仕事ができないのか、と言えばそんなことはありません。たとえば私が在籍していたアクセンチュアでは、平均的に30歳になる前にマネジャーに昇進します。多少遅れたとしても32歳くらいまででしょう。そうして、グローバルな大企業で、数億円から数十億円を投資して進めるような大規模プロジェクトに深く携わります。クライアントからは40代や50代の課長、部長が参加して一緒にプロジェクトを進めますが、年齢が若いからといって、プロジェクトに支障を来すようなことはありません。

　諸外国と比べて日本での昇進年齢が遅いのは、主に社内に原因があると考えられます。

それは、**意思決定権限が明確になっていない**、ということ。社長にはさすがに意思決定の権限がありますが、たとえば部長であったとしても独断で契約を決定したり、プロジェクトの開始、あるいは中止を決定したりすることができない場合が多いのです。課長にももちろん意思決定の権限はありません。

そして、意思決定の場には大勢が参加します。そこで誰かが決断するのではなく、その場の空気で特に反対がなくなるのを待つことになります。議論が出尽くしたあたりで、会議の進行者が、

「ではは反対がなければこの件は決定した、ということで」

と告げると、誰も一言も言葉を発さないままで決定したことになります。

しかし諸外国の企業ではそんなことはありません。意思決定は誰かが明確に行うものです。**会議で反対意見を強固に主張する人がいなくなるまで時間をかけることが意思決定、という不思議な意思決定プロセス**は、逆に、課長という役割にどのような権限と責任があるのかをあいまいにします。だから、社内の空気感を読めるようになるための勤続年数や、会議の風向きを読めるだけの年の功が必要になります。それが日本企業で若い課長が生まれにくい原因ではないでしょうか。

逆に考えれば、ポストごとの権限と責任が明確になる会社であれば、それにふさわしい人を年齢に関係なくあてがうことができるようになります。

あなたの会社では、課長の権限と責任は明確になっているでしょうか？

目の前の仕事や評価から意識をずらす

仮にあなたの会社で、課長の権限と責任が明確になっていないとすれば、早く昇進することは危険です。そういう会社では、先ほども示したように、社内政治によって揚げ足を取られる可能性が高いからです。

変革期にある企業では、大半のポストでは権限と責任が明確になっていない場合でも、一部の新規ポストでのみ権限と責任を明確にして、社内の大きな変革を生み出そうとすることがあります。

しかし残念ながらこのタイプの変革は、なかなかうまくいかないことが多いのです。特に、社長の肝いりで始めた変革ほど、大きな抵抗を受けることが多いようです。

それは組織の中の権力構造に関わる変革だからです。権力は目に見えないからこそ、公的・私的な関係を伝わりながら、新たな権力を失わせようという働きかけを封じてゆきます。

だから**変革は、権力構造に関係がなさそうな辺境で行われる必要があります**。新規事業だけれど規模が小さくてあまり期待されていない部署や、そもそも何をしているのかよくわからないような部署などであれば、そこで権限と責任のある課長を拝命し、活躍することでチャンスを獲得できます。特に大きな環境変化の波が生まれているときには、そういう辺境の地に向かう勇気が必要になるでしょう。

そこまで社内政治が強くなくて、それなりに変革が進んでいる企業であれば、30代では昇進に備えることが重要です。

それは三つのポイントで整理できます。

第一に、視点を高く持つこと。
第二に、本質から考える癖を付けること。
第三に、すべての人とのつながりに意義を見いだすこと。

これらは現在の仕事で成果を出すためにもうまく機能しますが、より高い権限や責任、あるいは自由を得たときに高い効果を発揮するものです。

まず視点を高く持つこと、ですが、**現状に満足しない**と言い換えることができます。たとえば自分が経理の専門家であったとして、経理の専門スキルを高めていくことを目指すのが現在の視点。

一方で視点を高く持つことができれば、経理とはそもそもどんな役割を担っているのか、何のために行っている業務なのか、ということを考えるようになります。

営業であれば、売上を上げることが現在の視点であるとすれば、高い視点では、人と人とを引き合わせてつなぐことが役割になるでしょう。

多くの経営者がやがて歴史上の伝記や哲学に傾倒していくのは、その視点が高まっていくからに他なりません。なぜなら、権限や責任、自由というものを得たときに、それをどのように使いこなすべきか、ということを教えてくれる人はいないからです。

視点を高く持つようになれば、やがて**本質を考える癖が付く**ようになっていくはずです。先ほどの経理の例で言うと、視点を高くして経理機能の役割や目的に思いを至らせることができれば、その先にある本質が何なのかということを考えるようになるでしょう。

この本質は、どこかに唯一の答えがあるわけではありません。その人が置かれている環境や周囲の状況によっても変化しますが、一例としては、経理の本質は過去を可視化すること、という言い換えができるかもしれません。

そして本質を理解していけば、本質を実現するためには多くの人との関わりが必要であることがわかります。成功した経営者たちが、相手が役に立つかどうかではなく、**偶然を大事にしながら付き合う**のは、それが社会の本質と関係しているからかもしれません。

実はうまく利用できる社内の人事の仕組み

いずれにせよ、これらの準備をすることで、より長く高く成功するための基礎が手に入ることになるでしょう。

では、「視点を高くして、本質を考え、つながりに意義を見いだす」ためには具体的に何をすればいいのでしょう？

何か有用な本を読む？

あるいは誰かに師事する？

もちろんこれらの方法は有効ですが、即座に効果を発揮できるか、と言えば難しいでしょう。というのも、**人の成長に有効なことは、7：2：1の割合で説明できる**からです。

たとえばあなたは今この本を読んでいますが、本を読んだり勉強することで成長できるのは、およそ1割です。むしろ読んだだけだと、翌日には忘れてしまっていて、ほとんど効果がない、という状況になるかもしれません。

2割の効果を持つのは、誰かに教わることです。独学の倍の効果を持つのですが、しかしそれでも2割しか効果を発揮しません。

最も効果の高い7割。それは行動してみることです。

それも、**今できることよりも、少しだけ難しいことをしてみる**こと。そうすることで人は成長し続けることができるようになります。

ではそのために具体的に何をすればいいでしょうか？

私がお勧めしたいのは、二つの人事の仕組みをうまく活用することです。一つ目はたいていの会社にある仕組みです。二つ目はもしあれば、ぜひ活用してみてください。これらの仕組みは、ちょうど30代の人たちにとって最も有効に機能する仕組みなのです。

行動をするための一つ目の人事の仕組み。それは目標管理制度です。ピーター・F・ドラッカーによって提唱されたチャレンジのための仕組みが発祥だと言われていますが、日本の人事制度としての活用方法は、ドラッカーが示したものと外れてしまっています。その最たるものが「結果を評価して処遇につなぐ」というところ。あたりまえだと思うかもしれませんが、そもそもドラッカーは「処遇につなぐと目標管理の仕組みが台無しになる」というような内容のことを言っていたりしました。

理由は簡単です。

目標を、自分ができることよりも少し難しいレベルで設定することが目標管理制度をうまく機能させるポイントなのですが、これが処遇に反映されるとなればどうなるでしょう?

ほとんどの人は、「どうすれば目標を下げられるだろうか?」ということに力を注いでしまうのです。考えてみてください。目標を達成しないと給与が増えなかったり、賞与が減らされたりするとしたら、あなたならわざわざ難しい目標を設定しますか?

しかし再三示しているように、評価や処遇を気にしていた人は、目の前の昇給を手にするかもしれませんが、将来の出世からは遠ざかってしまいます。それは評価を気にしないことで本質にたどり着きやすくなるということでもありますが、少し難しいことにチャレンジしながら成長できている、ということでもあります。

だからあなたが成長を目指すのであれば、純粋に、今できることよりも少し難しいことを目標に設定するようにしましょう。そうすることで、仮に目標を達成できなくて低い評価を得てしまったとしても、高い目標を立てていた事実は残ります。あなたが課長手前のポジションにいて、あなたを直接評価をする課長には良く思われなかったとしても、その上の部長や役員たちはその姿を見て、期待することになるはずです。

行動するための二つ目の仕組み。それは**自分から手を挙げられるタイプの異動の仕組み**です。会社によって名称はまちまちですが、フリーエージェント制度や社内公募制と言われることが多いようです。

たとえばかつて私がお手伝いしていたある会社では、評価と処遇を変える新人事制度を導入しました。そして、それに合わせて、昇進に必要な基準も明確にして公表しました。その中にこういう項目を設定したのです。

「課長になるまでに最低三つの異なる職種か部署を経験すること」

これはその会社の社長が強く望んだ基準でした。人事の仕組みとして言えば、この基準を超えて課長に昇進するタイプの人は、会社のビジネスを深く理解しているゼネラリストに育ちやすくなります。また社内に多くのつながりを持つようになるので、チームワークをもとにした組織力を高められるようになります。

で、その後この会社で、数年以内に課長候補となるであろう人たちにアンケートをとったのですが、ほぼ全員がこの基準を肯定的に捉えていました。そして積極的に「次はこの部署を経験したい」「今の職種に専門性軸を置いておきたいが、別のこの職種を経験することで幅を拡げられると思う。次の異動はこうしてほしい」というような申請をしてきたのです。そこでこの会社にはそういった自主申請での異動の仕組みはなかったのですが、急きょ新設することになりました。

大事なことは、新しい経験に積極的になることです。**異動は会社生活の中で新しい経験のための要素をすべて持ってきてくれます**。新しい人たちとの関係、新しい場所での業務、新しく求められるスキルや知識など。

自分を強く成長させたいと思うのであれば、ぜひこれらの人事の仕組みを活用してみてください。

突然の逆転のための武器は、「尖った専門性」と「丸いつながり」

今できることよりも、少しだけ難しいことを続けていくと、やがて大きく二つのモノを獲得する自分に気付くことができます。

それは「尖った専門性」と「丸いつながり」。

早く咲いたのにすぐにしぼんでしまうタイプのキャリアの人は、このどちらかしか持っていません。

たとえば「尖った専門性」を認められて出世していくタイプのキャリアでは、つながりをおろそかにしがちになります。持っていたとしてもそのつながりはいびつな形をしているでしょう。

専門性が尖っているということは、**専門性のレベルが世間一般的に高いレベルである**ということです。営業や製造、開発、総務、経理などなど。今担当している職務の中で求められる専門性で、社内の第一人者であることはもちろん、社外と比較しても遜色のないレベルに達することが重要です。

これらは特定の業務に役立つ知識や経験だけを指しているのではありません。最近注目されているもので言えば、論理的思考力やプレゼンテーション能力なども含まれます。周囲からの評価を高くするすべてのスキルが尖らせるべき専門性になる可能性があります。

知識のレベルでも構いません。たとえば直近だと、ＡＩ（人工知能）やＦＩＮＴＥＣＨ（情報技術を活かした金融取引の仕組み）などに詳しくなっているだけでも、まずはとっかかりになるでしょう。

この専門性を尖らせていくときに、つながりを丸くすることを意識しないでいると、やがて周囲から排除されていく可能性が高まります。専門性を尖らせることで優秀さを認められるようになるまさにそのステップの中で、どんどん敵をつくっていくということです。そうして誰しもが認める極めて尖った専門性を得た時点で、社内政治にやられてしまうことになるでしょう。

ちなみに「尖っていない」専門性とはどういうものかと言えば、本質を理解できていないレベルの専門性です。簡単に言えば、他人にわかりやすく指導できないレベルの専門性です。

本質を理解していれば、その専門性に基づいた指導ができます。それも自分なりの言葉を使いながら教えられるので、相手もわかりやすい。

しかしそのレベルにまで到達できていない専門性は、ただ仕事を抱え込んで身に付いたものです。自分の頭の中ではわかっているけれど、形にして人に示すことができないレベル。このような専門性はあくまでも一作業者としてのものであり、さらに上を目指せるものではないのです。

次に「丸いつながり」だけを持っていて、専門性が尖っていないとどうなるのでしょう。そのことを理解するためには、つながりが丸い状態を理解しなくてはいけません。

つながりが丸いということは、言い換えると、**同じ集団の中で複数の異なるグループの人たちと仲良くしている**、ということです。気の合う人たちとだけつながっているわけではない状態。それが「丸いつながり」です。

「丸いつながり」を持っている人たちは、社内の多くの人に好感を持たれています。もしその会社のビジネスモデルが素晴らしくて特定の専門性が不要であり、なおかつ環境変化がほとんどないような状況であれば「丸いつながり」を持つ人はどんどん出世するでしょう。たとえば昔のインフラ系会社（電話、電力、ガスなど）や地方公務員はそういう傾向があったように思います。特定の専門性はむしろ邪魔で、社内の調整をしっかりすることが常に求められるような会社がそうです。

しかしビジネスモデルの中で特定の専門性が重要になったり、あるいは環境変化が激しくて都度の対応が必要だったりするのなら、つながりだけでは生き残れません。社内政治で生き残れたとしても、そもそも任せるポジションがなくなってしまうからです。

つまり、「丸いつながり」はあるけれど「尖った専門性」がない状態の人は、環境が変化したときに真っ先に不要だと判断されてしまうのです。

なお、「丸くない」つながりとはどういうものでしょう。

たとえば、学生時代のスクールカーストの延長のように人付き合いをする関係がその典型です。営業成績が良かったり、見た目がおしゃれであったりする人たちとの関係だけを重視して、そうでない人、たとえばコミュニケーションが下手な人とは目も合わさないようなつながり方をする人は意外に多く存在します。

あるいは趣味にこだわった付き合いだけを選ぶような関係も丸くありません。土日は必ず体を動かさないと気が済まないから、そういう趣味の人とだけ付き合うタイプ。あるいはその逆に、酒好きタバコ好きだから、同じような酒好きタバコ好きとだけ付き合うタイプも丸くないつながりの人です。これらのタイプもかなりいますよね。

丸くないつながりとは、好き嫌いで選ぶつながりです。

日々を楽しく過ごすには良い結果を生むでしょうが、やはりさらに上を目指すには厳しいと言わざるを得ません。

「使いやすい部下」より「上司の後継者」になれるか

「尖った専門性」と「丸いつながり」を持つことで成功のチャンスを得られます。その中でも特に、丸いつながりについてさらに補足してみましょう。

つながりである以上、その先にはもちろん人間がいます。

それらの人たちを分類すると、主に次の5方向に分かれます。

図2-3｜上下どの職位の人と積極的につながるべきか

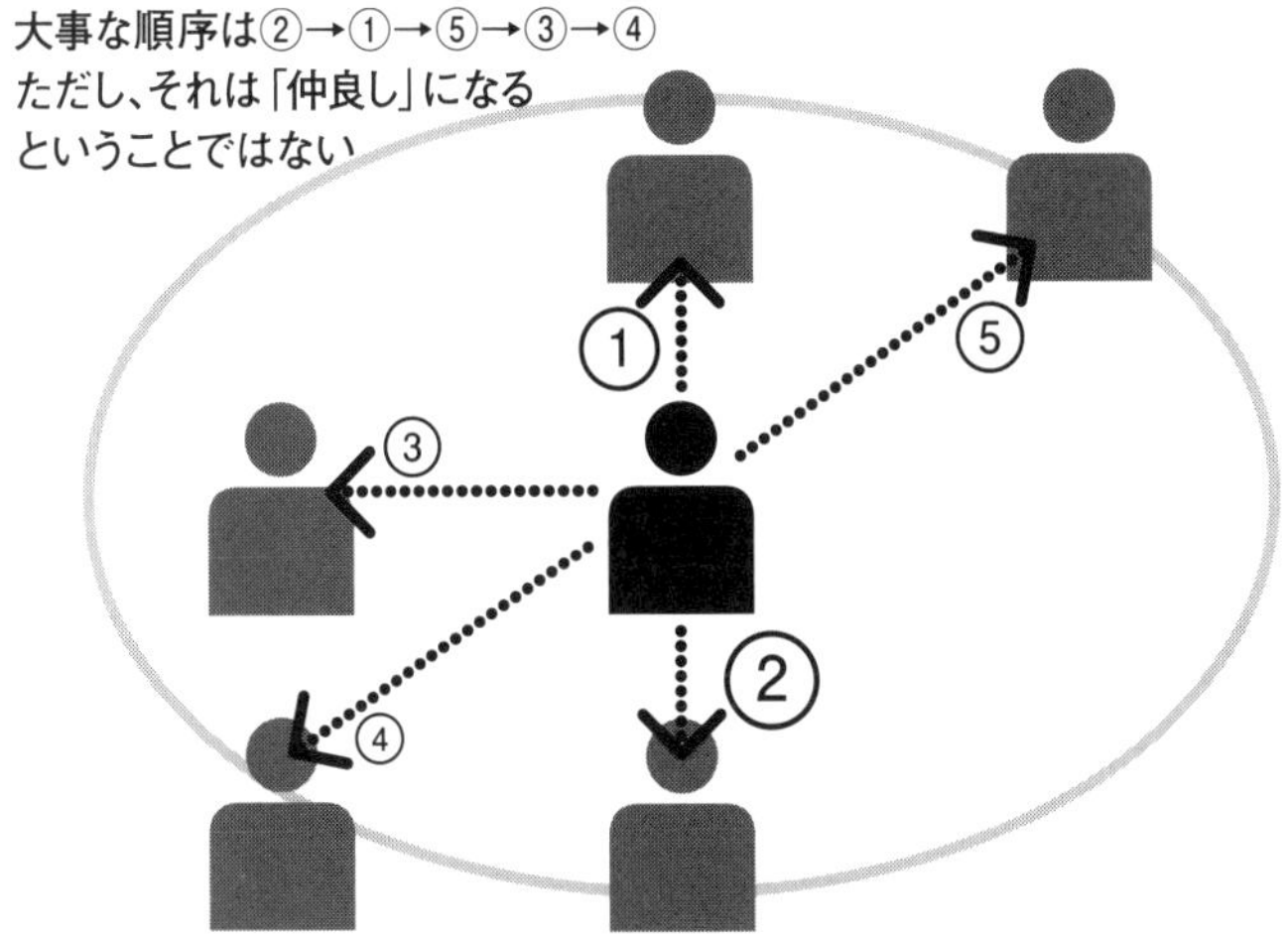
大事な順序は②→①→⑤→③→④
ただし、それは「仲良し」になる
ということではない
①
②
③
④
⑤

①上の方向：上司やそのさらに上司
②下の方向：部下やそのさらに部下
③横の方向：同じ職位や似た年次の人たち
④斜め下の方向：一緒に働いたことのない、下の職位の人たち
⑤斜め上の方向：一緒に働いたことのない、上の職位の人たち

この順序は、普段意識することの多い順序で示していますが、重要性とは違います。特にビジネスの場でより高い価値を生み出そうとするのであれば、重要性はどのような順序になるでしょうか。

答えは一番重要なものから順に、②→①→

⑤→③→④となります。

その判断基準は、チームとしての活動ができるかどうか。

単純に良い人事評価を得たいのなら、重要な相手は①上司です。しかし良い評価を得ていち早く出世したところで、他のつながりがおろそかだと、社内政治でやられるかもしれません。

もちろんここまでに記したように、今の自分のポジションよりも高い視点を持つことは大事です。だからといって、上司とのつながりだけを重視していては、「使いやすい部下」というポジションに落ち着いてしまいます。

それよりは、上司側との関係を少しだけ後回しにして（それでも二番目には重要視するのですが）、部下との関係をつくってゆくことが大事です。

ただしそれは「仲良し」になるということではありません。

現在の自分の部署の仕事を効率的かつ効果的に進めるためのつながりをつくること。具体的には**エンパワーメントの関係の構築**です。

エンパワーメントとは権限移譲のことです。本当なら自分がやったほうが早い仕事だけれども、部下や後輩に任せてみる。そのときに、なげっぱなしにするのではなく、都度進捗を見ながらタイムリーに支援をする取り組みです。

エンパワーメントは、実践する最初の段階ではとても面倒です。自分でやるよりもだいたい2倍の手間と時間がかかると考えておくとちょうどいいくらいです。

しかし、エンパワーメントをしておかないと、あなたはいつまでも一作業者であり、あなたの上司から見れば「使いやすい部下」で落ち着いてしまいます。

もしエンパワーメントをしっかりとしていければ、あなたの上司は、あなたをはじめとする部署全体の総合力が上がっていることに気付きます。それは上司自身にとっても望ましい状態です。

そしてその状態を築き上げたあなたに対して「自分自身の後継者」として考えるようになるはずです。

とはいえ上司によってはそこで嫉妬心を燃やす人もいますし、場合によってはあなたがせっかく築き上げた組織をそのまま良いところ取りにうばっていくかもしれません。だからこそ、二番目に重要なことが上司との関係になるのです。

上司との関係構築において重要なことは、上司のリーダーシップを引き出すことです。具体的には、お膳立てをしたうえで、**意思決定を促す**ことです。

ビジネスとは突き詰めて考えると、お金を生み出すプロセスを進めながら、なんらかの変化が起きたときに意思決定をして、それを新しいプロセスに置き換えていくことです。

だからこそ、**リーダーシップとは意思決定である**、と断言できます。

エンパワーメントによって部署の組織力を引き上げ、そのうえで意思決定を導くことができれば、あなたの価値は不動のものになってゆくでしょう。


そのうえで、⑤一緒に働いたことのない、上の職位の人たち、③同じ職位や似た年次の人たち、④一緒に働いたことのない、下の職位の人たちとの関係をつくってゆくのですが、これらはすべてきっかけを得るためです。

ネットワーク論で言うところの弱いつながりですが、少なくとも知り合いである状態を築くことがここでの関係づくりです。

ビジネスにおける大事なきっかけは常に経営層に近い側から起こってきます。だからこそ、直接関わらない人たちの中でも、上位層からの関係づくりをお勧めします。

ただ、だからといって同期や他部署の若手をないがしろにしていい、というわけではありません。彼らとの関係も円滑に保ち続けることこそが「丸いつながり」なのです。

自信を持つためには
リア充である必要はない

実際に出世している、していないにかかわらず、30代は自信を身に付ける時期です。仮に平均的な昇進年齢より遅れていたとしても、そのことを卑下するようでは遅く咲くことすらできません。

自信を持つ方法には、大きく分けて2種類あります。

第一の方法は他人に認められて自信を持っていくこと。古典的な考えですが、マズローの欲求段階説で整理してみましょう。

他人に認められるという状態は、尊厳欲求が満たされている状態です。しかしその欲求を感じるようになるためには、それよりも下位に位置する社会的欲求や安全欲求、生理的欲求が満たされていないといけない、と考えられます。

言い換えるなら、安定した生活ができていて衣食住の不安がないことが最低限必要です。そのうえで、交友関係が保たれていれば、社会の一員である自覚が持てます。

そうしてようやく、周囲の人に認めてほしい、と考えるようになる。つまり、自信を持つためには少なくとも人並みの生活ができるようにならないといけない、ということになります。

果たしてそうでしょうか？

実はマズローの欲求段階説については誤解があります。マズロー自身の著書『人間性の心理学』によれば、その第4章でたしかに、下位の欲求が満たされれば上位の欲求があらわれるという記述があります。しかしそれは506ページの本のわずかに23ページ分でしかありません。より多くのページでは、要約すれば「基本的にはそうだけれども順序は絶対じゃないし、人によっては逆だったりもする」ということが示されています。

たしかに、下位の欲求が満たされている人、すなわち社会的にそれなりに成功していて交友関係も充実している人＝いわゆるリア充な人たちは自信を持ちやすいでしょう。

けれどもそれは自信を持つことに対しての絶対条件ではないのです。

そこで自信を持つための第二の方法を紹介します。

それは、**まず自分のやりたいことをやってしまう**こと。

マズローの欲求段階説で言えば、ピラミッドを上るのではなく、下りてくる方法です。

マズロー自身の言葉を借りるなら、「自己実現者は自己の本質や人間性、多くの社会生活、自然や物理的現実を哲学的に需要することによって、自動的に価値体系の確固たる基盤を身につけている」（※）ということになります。

簡単に言い直すと、自分がやりたいことをやっている人は、自分の価値観を持つことになる。だからいろいろな行動をするときにその価値観に基づくようになるので、一貫性を持つようになる、と言えるでしょう。

自信とは「自信がある」と思うことではありません。**他人の意見に惑わされずに、自分の考えで判断ができること。それが自信なのです**から、確固たる価値観を持つことはすなわち自信となるのです。

自信を持つためには結果を出さなければいけない、と考える人がいます。あるいはなんらかの能力の証拠、たとえば資格や経歴が必要だと考える人がいます。しかしそれらは絶対条件ではないのです。

※A・H・マズロー／小口忠彦訳『人間性の心理学』産能大学出版部、1987年、267頁

図2-4｜「マズローの欲求５段階」を上から満たす方法もある

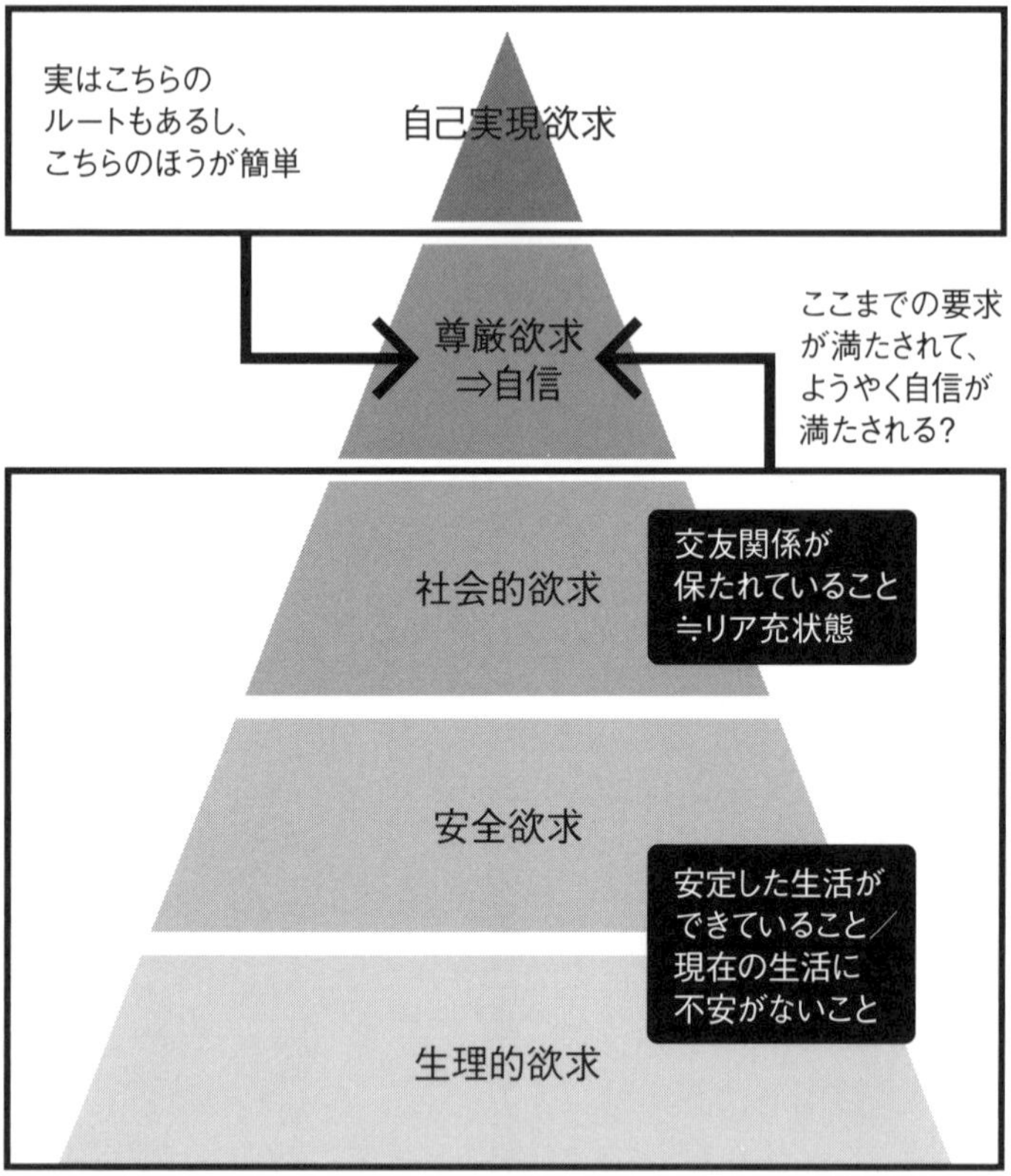

たしかに資格や経歴や、生み出してきた結果は他人から見てわかりやすい判断材料になります。

しかし他人に認められるだけでは、そこで得られる自信は一過性になってしまいます。

それよりは、資格や経歴や結果を生み出すに至った、行動を思い出してみましょう。第1章に書いたように、能力や結果を褒められていると、怠け者や嘘つきになりやすい。それは自分自身に対してもそうです。

だから自分自身も、自分の能力や結果に思いをはせるのではなく、そこでやってきた行動に思いをはせなくてはいけません。そうすることで、ゆるぎない自信を持つようになるのです。

メモリーズ・ハラスメント（メモハラ）中年にならない

30代では、部下や後輩との付き合い方も大事になってきます。丸いつながりのためには分け隔てのない付き合いが必要なのですが、ここで多くの人に悪い癖が付く場合があります。

それはハラスメントの癖です。

普通に過ごしているだけで、人はハラスメントの癖を持つようになるのです。そしてハラスメントの癖から抜け出せない人は、結局今いる場所だけで活躍して、それ以外の場所に行けなくなるかもしれません。

パワー・ハラスメントやセクシャル・ハラスメント、モラル・ハラスメントなどの様々なハラスメントがありますが、特に気をつけていただきたいものが、昔の思い出話を押し付ける説教。

私はこれをメモリーズ・ハラスメント（メモハラ）と名付けています。

思い当たるふしはありませんか?

たとえば部下や後輩に指導をするときに、ついつい「俺がおまえくらいのときにはこんなに丁寧に教えてくれる人はいなかったんだよな」というように昔話をしてしまうこととか。

歴史から学ぶことはもちろん重要です。同じような状態が過去にもあったのであれば、その際の取り組みをどうしたのか、ということは組織知として共有されるべきでしょう。

たとえばクレーム処理を担当する部署では、過去のクレームの詳細とそれぞれへの対応が具体的に残されています。より具体的な話を聴くために、当時の担当者に話を聴きに行くことだってあります。そういう場面で「20年前に私が担当していたときには、課の人数も少なかったからとても大変だったの。でも、だからこそみんなで情報を共有しながら作業を進めたわ」というような話を聴くことはとても有用です。

結局のところハラスメントとは、相手が望んでいないのに押し付けるものすべてです。

さらにもう一つ定義を加えるのなら、ハラスメントは、ハラスメントをする側に「快」が得られること。なんらかの欲求がそこで満たされるのがハラスメントです。セクシャル・ハラスメント、パワー・ハラスメント、モラル・ハラスメント。いずれもハラスメントをする側になんらかの「快」が手に入ります。メモハラも同様に、自分の過去を振り返り思い出話をすることで、尊厳欲求が満たされることになるのです。

もしあなたがメモハラをしてしまっているのなら、**自分自身が環境変化についていっていないことを危惧しましょう。**

「昔は良かった」という言葉が口をついて出るということは、今に対して不満があるということです。その多くは、変化してしまった現状に対する不満です。

しかしあなたはまだ30代のはず。その年齢で変化についていっていないということは、新しい経験をしていないとか、そもそも新しい情報を遮断してしまっている状態のはずです。

もしあなたが同年代同士での会話で「昔は良かった」と話すのであれば、それはハラスメントではありません。それは記憶を共有するという、コミュニケーション手段の一つになるからです。

それでも可能であれば、そういう場所でも最新の技術動向や経済動向、政治動向などについて前向きに議論できるような考え方、行動ができるようにしましょう。

カヤの外からこそ、全体が見えてくる

30代では、望まない大きな異動を経験する場合があります。

まったく異なる職種への異動や、一度も訪れたことのない地域への転居を伴う転勤など。また同じ職種であったとしても、親会社から子会社へ出向する場合もあります。

そんなとき、異動の意味を正しく伝えてくれる人事部はまずありません。仮に異動を告げた人事課長が「出向先で3年間頑張ったら、次は本社の課長だから」と勇気づけてくれたとしても、3年後にその言葉を覚えていることはまずないのです。

たとえば、とある歴史のある会社で、ローテーション人事が行われていました。何十社もの子会社を含む巨大グループ企業でしたが、だからこそゼネラリストを育成する目的で、基本的に3年から5年で別の部署に異動することが一般的でした。

そんなグループのある子会社から、優秀な人材を回してくれ、という要望がきました。というのも、その子会社は前年度に、親会社の有力な役員が定年後に社長として転籍していたのです。役員を退いた年齢とはいえ、実力を認められての例外的な子会社社長就任でした。そして彼は、子会社を立ち直らせるための優秀な企画人材を求めたのです。結果として、出世街道を走っていた36歳の企画課長が子会社に出向することになりました。

私もコンサルタントとして、社長とその企画課長を窓口とした改革プロジェクトに呼ばれました。2年間をかけた改革は順調に進み、その翌年には企画課長は39歳で本社の有力ポストに戻るはずでした。

しかし彼は結局そのまま42歳まで子会社に残されることになりました。

理由は簡単です。社長が続投することになり、企画課長を手放さないと決めてしまったからです。

もしあなたがこの企画課長の立場だったら、どう考えるでしょうか。

華々しい本社の出世頭だったのに、グループの中でもかなり小さな部類に入る子会社への6年にわたる出向。肩書は一応部長だったのですが、子会社の部長が本社の課長クラスであることは誰でも知っていました。腐ってもぜんぜんおかしくない状況だったのです。

しかし彼は、その6年間、全力で子会社の改革をリードしてゆきました。子会社側プロパー社員とも丁寧に接しながら、本社側との折衝でも気負ったり卑下したりすることもなく淡々と議論を進めました。

また、彼は特定の専門領域を持っていたのですが、その分野での研究も進め、出向している間に論文にまとめて学会誌に掲載までしました。

ちょうど「丸いつながり」と「尖った専門性」を維持しながら、変化を受け入れて日々行動していたのです。

そうして彼は、部長昇進と合わせて親会社に戻ることになったのです。通常だと子会社側での業務期間は昇進のための経験年数に100%参入されないことが多いのですが、彼の活躍ぶりを見ていた子会社側社長が強く推したことも一因でした。

何よりも彼は、**子会社側から親会社を見ることで、客観的な視点を得ることができた**と言います。

ちょうど業界全体が大きな変革を求められている時期で、親会社社長ですら、外部から招へいされていたタイミングでした。変革を当然のように進めなければいけないからこそ、子会社側で変化に柔軟に対応しながらしっかりと行動してきた彼が認められたのです。

転職組は実力より「つながり」で出世していくもの

転職があたりまえになっています。

統計上の推測値ではありますが、大企業まで含めた全就業者中で、20代なら53%、30代でも46%もの人が転職を経験（※）していると推計できます。

新卒で入った会社でキャリアを積まない人がおよそ半分いるわけですが、転職後の会社でのキャリアの積み方はどう変わるのでしょう。

人事制度の観点で言えば、2000年くらいまでのように、転職者がなかなか昇進できないというような状況は減っています。以前であれば最低滞留年数、その等級や役職に最低限6年

※厚生労働省「平成18年転職者実態調査」データをもとにセレクションアンドバリエーションで推計

とか8年とかいないと昇進できないというようなルールが当然のようにありました。あるいは昇進基準年齢、というそのものずばりの年齢基準を設けている会社もありました。しかし今やそういう会社は少数派です。

むしろ、転職組のほうが、社内の新卒組よりも給与水準が高い、という状況が目立っています。というのも、転職者を受け入れる場合にはそこに大きな期待があるからです。前職と同じくらいの水準は最低限示さないと雇えない、という判断もありますが、正直な金額を示す人は少ないので上振れする傾向もあるのかもしれません（所得額を証明する資料の提出を求める会社が稀にあるという話は聞きますが）。

とはいえ、一度入社してしまえばあとの出世判断は大きく変わりません。しかし転職後に順当に昇進し、役員にまで上り詰める人ほど、専門性よりはつながりを大事にしている傾向があります。

そもそも転職とは早咲きなのでしょうか、遅咲きなのでしょうか。

私は**転職とは遅咲きの一種であると考えています**。

たとえそれがヘッドハンティングであったとしても、結局のところ、現在よりも良い条件が示されたから転職する人が多いからです。つまり転職前は転職後よりも不遇であると考えられるからです。

若い頃には処遇などの条件面ではなく、新しい経験やつながりを得るために飛び込んでいくタイプの転職もあります。それらもキャリアのやり直しに近いので、やはり遅咲きの一種だと考えてよいのではないでしょうか。

遅咲きで重要なことは、「尖った専門性」と「丸いつながり」だということを示しました。転職も遅咲きであればこれらが重要なのですが、転職に際して「尖った専門性」は、ある意味で証明されているものと考えられます。少なくとも、自社内にはいないタイプの専門性を持っていることが期待されたからこそ、転職に成功しているわけです。

だからこそ欠けているものは「丸いつながり」なわけです。これは転職者を受け入れる側の立場に立てばわかりやすいでしょう。

いきなり外部からやってきた人がいる。優秀らしいのだけれど、特定の人としか仲良くしようとしない。そういう状況だと、その人の評判は良くなるでしょうか。

ある30代後半の私の知人は、20代半ばの最初の転職から3回の転職を経て、現在は中堅流通メーカーの役員をしています。彼はとても優秀な営業社員でしたが、処遇に不満を持って転職します。その後、彼は大体4年おきに転職をすることになりました。

彼が素晴らしいのは、3回の転職のどの会社でも最終的に取締役にまで昇進していることです。

最初の転職ではとにかく優秀な営業社員であることが彼の尖った部分でした。しかしその後、管理系のスキルを身に付け、時には数百人の部下を直接指揮しながらのマネジメントを経験しながら、それらのどのスキルについても市場水準以上のレベルで行動してきたのです。

また細かい話ではありますが、彼は、常にすべての人たちにいつも丁寧語で話しかけるように心掛けていました。たとえ相手が新入社員であっても、です。そういった、どちらかといえば相手を支援するタイプのリーダーシップを発揮した彼は、各社のどの部門のどの人とでも気軽に話すことができるつながりをつくり上げていました。

このようなつながり重視の考え方は、最近増え始めている海外への転職でも特に重要です。郷に入っては郷に従え、ということわざは死語ではありません。むしろ、異文化対応力として、グローバル人材に必須の意識・行動であると定義されています。

格上げ転職時には情報管理を徹底する

今までいた会社よりもかなり条件の良い会社に転職できる場合があります。もともと実力があったのにたまたま就職の縁がなかったとか、あるいは実力そのものを飛躍的に高めることに成功した場合などが考えられるでしょう。これを格上げ転職と定義します。

どのような事情であれ、格上げ転職に成功することは人生を一変させるきっかけとなります。処遇面が改善されるだけでなく、周囲にいる人たちのレベルが高くなることが大きな要因です。良くも悪くも人は、朱に交われば赤くなるのです。

ただ残念ながら、このきっかけを活かして伸びる人も多いのですが、逆にこれをきっかけに転落していく人もいます。その違いがどこにあるのかと言えば、意外なことにコンプライアンス面です。

より正確に言えば、社内だけでなく、業界としての常識的な遵法レベルを守ることが必要になります。格上げ転職で失敗する人は、たいていコンプライアンス問題やそれに準ずる社内での不協和音によって退出を余儀なくされています。

同じ業界内での転職で言えば、格上げの場合にはたいていが規模の大きな会社への転職となるでしょう。たとえば非上場の中堅企業から上場している大企業への転職などです。

このとき、企業規模がそのままコンプライアンスレベルに反映されていることが多いのです。たとえば出社、退社時のルール一つをとってもそうです。社員証を意識せずに済んでいた会社から、社員証そのものが出社、退社時のチェックに用いられる会社に転職するとそれだけで戸惑うこともあるでしょう。

ＯＡ機器や、メールなどのアプリケーションの使用ルールについても、大企業になるほど厳しいセキュリティが当然となってゆきます。

取引先との付き合い方も大きく変えざるを得ない場合があります。勉強会レベルでの集まりを社内の会議室で開くにしても、セキュリティが厳しい会社では、参加者一人一人の氏名を明確にしたうえで10日以上前からの稟議が必要になることもあります。

会食などの付き合いなどに緩い会社とそうでない会社の違いも大きいものです。会社によってはそれだけでコンプライアンス違反として懲戒を受けることもあるでしょう。

過去には、転職後数日の時点で、会社のメールアドレスから社外の友人に転職を知らせるメールを送ってクビになった人がいました。何の気なしにメール文面に、配属された先のクライアント名を書いてしまっていたのです。ちょっとした自慢のつもりだったのでしょうが、会社としての取引登録がされていないアドレスへの私用メールということでシステム部門のチェックが入り、文面がすぐに彼の上司に報告されました。転職後数日だったからこそ、彼は試用期間扱いで直ちに解雇されたのです。

格上げ転職で成功している人は、コンプライアンスについてとても慎重です。場合によっては友人、知人に転職したことすらしばらくは伝えずにおく人もいます。

もたらされたチャンスをつぶすのは、たいていが自分自身です。そうならないためにも、謙虚な姿勢で、かつ情報の取り扱いには注意する必要があるのです。

格落ち転職なら、「飛び級昇進」を目指せ

一方で、格落ち転職をする人もいます。

前の会社を辞めざるを得なくなり、そこよりもランクを下げて転職する場合もあるでしょう。

そんなときこそ、逆転や遅咲きを意識しながら、ぜひより高いレベルで成功することを目指していただければと思います。

その際のポイントはもちろん、専門性とつながりの両輪ですが、実際にそこから大成功してきた人たちには、もう一つ特徴があります。

それは**転職先の経営層とのパイプをずっと維持し続けた**ことです。

30代での転職であれば、多くの場合、経営層との面接を受けて入社しているはずです。そこでOKが出たからこそ転職しているわけです。

しかし多くの人は、それぞれの部署に配属されたあと、経営層とのコミュニケーションをおろそかにしがちになります。一つには配属された部署でのコミュニケーション頻度を高めなければいけないから、ということもありますが、もう一つ、遠慮してしまうということもあります。

一般的には社長をはじめとする経営層と気軽に話せる人はあまり多くはありません。しかし転職したてで面接を受けたばかりだと、比較的気楽に話しかけることができます。そうすることで、部署の中で浮いてしまうんじゃないか、と考えてしまう人が多いのです。そうして遠慮しながらも部署の中ではつながりをつくり、やがてプロパー社員の中に溶け込んでいくわけです。

しかし、実はこのような行動は損をしているだけでなく、その後のキャリアに大きなマイナスの影響を及ぼしてしまいます。

なぜなら、そもそも中途採用で30代の中堅社員を採用するということは、経営層の思いを反映して活躍してほしい、という目的があるからです。だから経営層からすれば、現場に新しい風を吹き込んでほしい。そのためには頻繁に経営層とコミュニケーションをとってほしい、と考えているのです。

役職が上がると、なかなか上司側から部下のほうに声をかける機会は減ってゆきます。それは上司よりも部下の数のほうが当然ながら多いからです。だから、転職してきた人材を気にかけながらもなかなか声をかけられないことが多いのです。そうして気が付けば転職から半年が過ぎて、「そういえば彼は何をしているんだ？」ということになったりします。部署になじんでそれなりに過ごしていると、「それなりに過ごしてもらうために雇ったんじゃない！」と叱責を受けることになるのです。

格落ちで転職しているということは、それ自体でその社内で有名人になっています。だからこそ、その有名人である状態に慣れなければいけません。そして経営層とのコミュニケーションを密にとっていく。

格落ち転職での成功パターンはその先にある飛び級昇進です。係長として転職したけれど、半年後には課長に昇進し、翌年度には部長になる、というぐらいのスピード感を目指すことが重要なのです。

なお、あえて格落ちしながら転職を続ける人たちが多い業界もあります。それは金融業界。特に資産運用系の会社です。

資産運用系の会社では、格落ち転職することで年収が大きく増える場合が多いのです。その代わり、雇用の安定性はどんどん小さくなります。

たとえば世界有数のG社では敏腕ファンドマネジャーとして鳴らしたものの年収は3000万円。そのことに不満を持ったことをきっかけに、会社の格は下がるけれども、リターンの大きな会社に転職して、年収の桁を跳ね上げた人がいます。普通の人の生涯年収を数年で稼いだものの、最終的には損失を出したために解雇されてしまいます。その後はさらに格落ち転職を繰り返し、やがていわゆる「個人投資家」と名乗りながら、ビジネスの場から去っていく人がいます。

それが幸せなのかどうか、判断が難しいところです。

処方箋②

「一流のリーダーになる」30代がやっておくべきこと

□早過ぎる出世のリスクを知る

□社内の意思決定権限のありようを理解する

□やがてくる出世のタイミングに向けて三つの準備をする
第一に、視点を高く持つこと
第二に、本質から考える癖を付けること
第三に、すべての人とのつながりに意義を見いだすこと

□成長のために、今できることよりも、少しだけ難しいことをしてみる
人事制度としての目標管理と異動を使いこなす

□「尖った専門性」と「丸いつながり」の両輪を持つ

□他人の意見に惑わされずに、自分の考えで判断することを目指す
そのために自分自身に自信を持つ

□環境変化への対応状況を意識する

□自社を客観的に見る

□転職時の心得
郷に入っては郷に従う
コンプライアンスに慎重になる
転職先の経営層とのパイプをずっと維持し続ける

第3章

40代

目指すべきは
部長ではなく常務である

CASE③

メーカー
Cさん

40代

「もう部長になれそうな気がしないんです……」

「私みたいなのを万年課長って言うんですよ」

そんなさびしいことを話す40代の人と出会うことが増えました。いわゆるキャリア・プラトーの状態。ここらが自分の出世の天井だと考えている状態の人です。

それでもまだ課長になれているだけ、ましなのかもしれません。

2016年に出版した『課長1年目の教科書』に記したように、「2000年以降、課長になれないまま40代、50代を過ごすビジネスパーソンの数が徐々に増加」(※)していることは事実だからです。

そして課長のままで部長になれない人もまた増えています。

しかし**そこが天井なのか、単なる踊り場なのかは誰にもわかりません**。実際に、40代後半から再び復活して部長になった人だっているわけです。実は、40代は逆転による遅咲きを成功させられる最高のタイミングに他なりません。

私が見てきた中で最も鮮やかな逆転は、あるメーカーの40代後半の課長、Cさんでした。

メーカーの工場で生産課長を務めていた彼は、30代半ばという比較的早い時期に課長になったものの、5歳ほど上に部長級の工場長がいたために、部長になれないまま10年以上を過ごしていました。典型的なポストの頭打ち状態です。40代半ばを過ぎた頃にぼんやりとあきらめ始め、私が人事制度構築のためのヒアリングに入ったタイミングでは、あきらめているどころか、むしろひねくれてしまっている状態でした。

「どうせ俺たちの給与を下げるために来たんでしょう」

ヒアリングの席に座った彼の第一声は、舌打ちから始まりました。

実際のところ、その会社の人事制度改革は、彼のような立場の人に対しては極めて厳しいものでした。露骨に給与を下げるような取り組みはありませんでしたが、30代半ばの社員をさらに活躍させることが大きな目的の一つにあったからです。ちょうど彼のように、課長に10年以上在職して、昇進の見込みが薄そうな人に対しては「役職定年」という制度を新設して、役職から退いてもらおうとも考えられていました。

※かんき出版、2016年、22頁

役職定年とは、一定年齢に達したら部長や課長のポストから降りてもらう仕組みです。平均的な役職定年の年齢は、部長で56～58歳、課長で55歳前後です。しかしこの会社では社長の強い思いにより、55歳を部長、50歳を課長の役職定年にすることになっていました。

つまり、彼にすれば数年後には課長職を外されるわけです。ヒアリングの場ではそのことも知らせながら、今後、どのようなキャリアを目指そうとするのかを尋ねていきました。

「課長を外れると給与は下がるんですか」

さほどショックを受けた様子もないので私は少しだけ安心しました。

「役職定年で課長を外れても、後進を指導する専門職として活躍していただく予定です。だから下がるとしても2万円だけです」

「でも下がるんですね」

私はうなずきました。そうすると彼はさらに別の質問をなげかけてきました。

「課長が50歳で役職定年で、部長が55歳なんですよね。じゃあ、工場長も役職定年ですか」

「それは……ちょうど今が53歳でいらっしゃるから、順当にいけばそうなりますね」

そう答えると彼は少し考え込んでしまいました。そのまま沈黙を共有してもよかったのですが、次のヒアリングもあるので、私は彼に名刺を渡して言いました。

「もしご自身のキャリアで考えられることがあればメールをください。よろしければ相談に乗りますよ」

名刺を受け取りながら、彼はうなずきました。

数日後、彼から送られてきたメールに私は驚きました。

そこには、ヒアリング時の失礼を詫びる言葉から始まって、その前年に出版した私の本に対する感想が丁寧に書かれていました。『うっかり一生年収300万円の会社に入ってしまった君へ』(※)というその本には、会社の人事の仕組み＝出世のルールを知ってより効率的に給与を増やそう、そうしてより良いキャリアを構築しよう、ということを書いていましたが、わざわざ買って読んでくれたのです。

彼からのメールはこう締めくくられていました。

「せっかく会社の出世のルールが変わるのだから、熟知して楽しんでみたいと思います。いっそのこと、役員でも目指そうかと。だからわからない点があればまたメールさせていただきます。厳しくても結構ですので、ご指導いただければ幸いです」

そのメールを見て私はうれしくなりました。そして、役員を目指す、という彼のイメージを

※東洋経済新報社、2012年

後押しするために、さっそく次のようなメールを返信したのです。

「役員を目指されるということですが、素晴らしいです！

これは私の推測ですが、今までは工場長を目指さなくてはいけない。けれども現在の工場長にはお世話になってきたし、彼が役員になるかよそに異動しない限り工場長になれないだろう、と思ってこられたのではないでしょうか。

競争しようとすると、近くにいる人たちよりもさらに前に出ようという気持ちが生まれます。そのことで成長はできるのですが、競争で勝つことはとても難しいし、時には心苦しいものです。

それよりは、今は遠いけれども目指す価値のある目的地を定めて、そこにたどり着こうとすることをお勧めしたいです。そのための道のりでは競争ではなく、協奏が必要になってきます。それはつまり、周囲の人たちと協力し合いながら価値を生み出していく行動です。世話になった先輩に勝たなくてもたどり着ける可能性があるのです。

役員を目指すということは価値のある目的地を設定されたということです。その目的地にたどり着くための行動をとっていかれるのであれば、私もぜひ応援します」

それからしばらくは月に一度くらいのペースで彼からメールが届きました。人事制度改革が終わって、私がその会社を離れてからも彼からのメールは、数カ月おきくらいに届きました。私はできる範囲で彼に助言を続けました。

プロジェクトが終わってちょうど2年目の春。久しぶりに開いた彼からのメールには、「役職定年の特例として、もう1年課長をすることになりました」とありました。50歳で課長を役職定年するはずが、51歳になったということです。

それからさらに3カ月後。ちょうど夏の暑い盛りに届いたメールは、短いものでしたが、私を笑顔にさせるものでした。

「お世話になっております。

この度、製造工程改革プロジェクトのサブリーダーを拝命しました。併せて経営企画部の副部長に異動することになりました。

目的地をもう少しだけ、遠くに置いてみようと思います」

常に、「経営者マインド」を持って働く

40代から持つべき視点は経営者のものしかあり得ません。

だから目指すべき出世のゴールは少なくとも役員です。

しかし実際に40代の方々に将来の方向性を確認してみると、経営者になりたい、もっと上のポジションに出世したい、と答える人の割合は、複数回答が可能なアンケートで40％前後です。

単一回答の場合だと約15％程度しか出世を目指したいという要望はありません（※）。

単一回答で見ると40代のビジネスパーソンが一番求めているのは「専門性」で約30％の人たちです。二番目は「バランスのとれた生活」でこちらは約25％。

アンケートの結果から素直に導き出せるのはこういう40代です。

> 今担当している仕事で**専門性**を高めていきたい。
> そしてビジネスとプライベートの**バランス**もしっかりとりたい。

そのうえでできるなら**出世**もしたいし、**社会貢献**も考えたい。
しかし、今さら**クリエイティブ**なことは難しいし、**チャレンジ**することもリスクを考えたりすると難しい。多少**自由**は制限されても組織の中で過ごしていくことが**安心**だ。

このような生き方を目指している人はたしかに多そうです。

結果として、こう過ごすしかなかったのであれば、それは決して悪いものではないでしょう。

しかし忘れてはいけないことがあります。それは**人は目指したものの少し手前ぐらいで立ち止まってしまう**ものだということです。

これくらいでいいか、という安心感が出ることが表面的な理由。

しかしもっと本質的な理由があります。それは、目指したものにたどり着くには、**最後の一歩にとても力がいる**ということです。ことわざで言えば、「百里を行く者は九十を半ばとす」ということに他なりません。

その理由は専門性にあります。

※セレクションアンドバリエーションが2015〜2016年にかけて実施した各種アンケートの分析に基づく。有効回答数合計は複数回答で3056。単一回答で823。

図3-1｜40代キャリアで最も重視されるのは「尖った」専門性

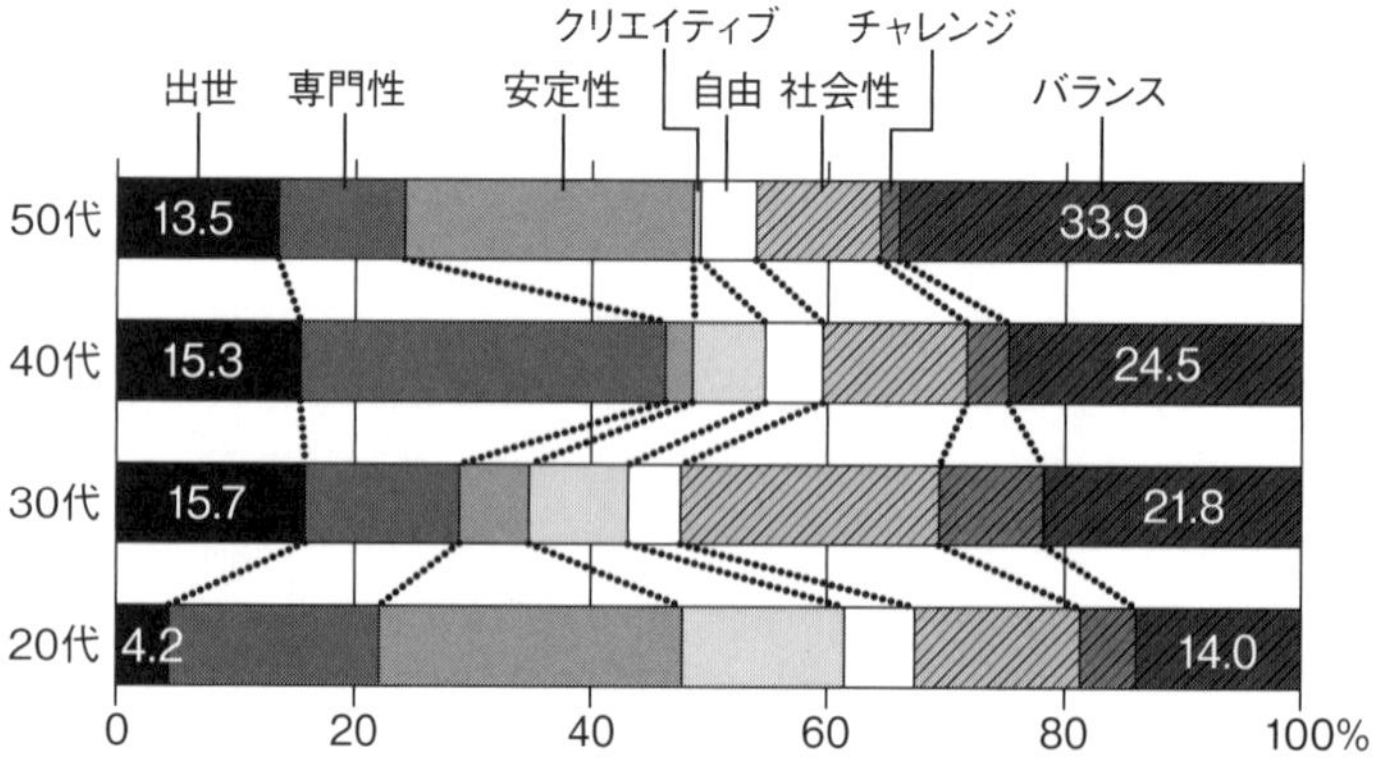

キャリアアンカーについての単一回答集計結果
セレクションアンドバリエーション実施 2015〜2016年 n=823

専門性、と言うと私たちはついつい、日々実践している仕事の中で身に付くものと考えがちです。第2章で示したように、人は実践で7割がた成長します。だからこそ、実践＝専門性だ、と思ってしまうのです。

しかし40代で身に付けるべき専門性は、最低限「尖った専門性」でなくてはなりません。尖った専門性とは「専門性のレベルが世間一般的に高いレベル」であり「他人にわかりやすく指導できるレベル」の専門性です。

このような専門性を持つためには、専門性の本質を見極めなくてはいけません。

そしてその本質とは、ビジネスに活かす専門性であるのなら、必ず**経営の視点から理解している本質**でなくてはならないのです。

たとえば私の専門性は人事です。特に人事評価制度を設計することが多いのですが、人事の本質は視点によって変わります。

「多くの人にやりがいを持って活躍してほしい」という思いがあるとしましょう。人事評価制度の仕組みでこれを実現しようとするなら、「やりがいを持って活躍する」ことを実現するために、その人にとって最適な仕事を任せること。任せた仕事を公正に評価すること。お金だけでなく、その人が価値を認める様々なものを報酬として与えること。報酬はその人が安心して働けるレベルの水準を保つこと。仮に失敗があったとしても次のチャンスにつなげるような機会を与えること、などを考えてゆきます。

このような仕組みを設計するときに、もし経営の視点がなかったとしたらどうなるでしょう？

その人にとって最適な仕事を任せる、としても、やりたい仕事と向いている仕事が違ったらどうしましょう？　会社側に命令の権限はありますが、いくら向いているといっても本人が拒否し続けるのなら難しい問題が起きてくるかもしれません。

公正な評価は他人が行うものですが、自己評価と他人からの評価は一致しない場合がほとんどです。また、経営では結果として利益が出ないと会社を存続させることができませんが、公正性を担保し過ぎる評価では、結果を評価しないほうがよい、という判断が下されるかもしれません。第1章で書いたように、結果の評価は嘘つきを生むからです。でも結果を評価しなくて本当に大丈夫でしょうか？

人事という専門性においては経営の視点と労働者側の視点が対立してしまうことが多々あります。その対立は労働というものが商品として提供され、その労働を提供する主体が自然人である以上、どうしても解消できない難題です。

もし専門性だけを深めるということであれば、経営の視点と労働者側の視点双方を学習し、「どちらも正しい場合がある」と言っていればよいのですが、それが許されるのは研究者だけです。少なくとも人事コンサルタントが「どちらも正しい」と言いながらいつまでも制度を完成させなければ、仕事にはなりません。

経営の視点を持つということは、経営を優先させる、という判断基準を持つということです。

これは何も**営利優先ということではありません**。

人事の中でも特に議論になりやすい報酬の面で考えてみましょう。

すべての人は豊かな生活をおくる必要がある。だから全員に高い給与を支払わなくてはいけない。それは人として持っている当然の権利だからだ。

そう考えて報酬を設計していると、実際に生まれてくるのはフリーライダーです。ただ乗りをする人たち。つまり努力しなくても結果を出さなくても、さらにはみんなの邪魔をしたとしても、高い給与を求める人たちです。

しかし経営の視点から考えるとこうなります。

結果を出せる人に集まって働いてもらえたら、会社は存続して成長し続けることができる。そういう人たちはよそでも引く手あまただろうから、高い給与を支払わなくてはならない。そのためにはお客様から適切な利益をいただいて、従業員に配分していこう。そうすることで従業員全員が豊かな生活を送れるようになれば、さらにいい人が集まって、会社ももっと成長するだろう。

実際の経営の現場ではたしかに間違った安易な判断をする経営者もいます。結果を出す人だけを残して、結果を出せなかった人はクビにするような会社もありますし、どうせ辞めても行くところはないだろう、とばかりに利益を給与として配分せずにいつまでも安くこき使おうとする会社もあります。

しかしそれでも経営の視点から、何が正しくて何が間違っているのかを考えない限り、ビジネスの場での正解は手に入りません。

専門性もまさにそうなのです。

だからこそ、結果としてそうならないとしても、役員を目指す必要があるのです。そうすることで、その専門性が経営の視点から見てどのような本質を持つべきかがわかるからです。

「媚び」すらも取り込んで伸びる

上司に媚びて課長や部長などの役職にまで上がっている人を見て、反感を持つことはおかしくはありません。実力もないのに専務のお気に入りだからというだけで出世している、というような人を見ると誰だって反感を持つでしょう。

でもそういう人たちは近年、ビジネスの舞台から姿を消すことが早くなっているようです。

特に２０１０年以降はその速度が加速しているように思います。

私が想像する理由は二つあります。

一つ目は、取締役の実質的な任期が短くなっていることです。

２００３年あたりから、慣例的に2年の任期として定められていた取締役の任期を1年に短縮する会社が増えてきました（※）。２００６年の会社法施行に伴い、中小企業に多い株式譲渡制限会社であれば10年まで任期を延ばせますが、大企業では2年という任期で取締役を保護するよりも、毎年の業績に応じて入れ替える方向性を強めてきたのです。その方向性は、取締役の定員そのものを減らす動きと合わせて近年も大きく変わっていません（※※）。

二つ目は社外取締役の増加など、外部からのガバナンスが効くようになっていることです。特に独立社外取締役（その会社と過去に利害関係がなかった人）の割合は２０１４年の61・４％から２０１５年の84・７％と、23・３％も増加（※※※）しました。

つまり社内の上司に媚びながら一定レベルまで出世できたとしても、**引き上げてくれた人が**

※堀内勇世「取締役の任期短縮の動き5」大和総研、２００６年
※※横山淳「11年6月総会の定款変更（取締役・取締役会編）」大和総研、２０１２年
※※※「東証上場会社における社外取締役の選任状況」株式会社東京証券取引所、２０１５年

活躍している期間は短くなっているし、また上に上がるほど外部の厳しい視点にさらされるので、社内の力関係、人間関係だけでは出世できなくなるということです。

だからこそ、自分の力で立つことが重要です。

そのためには、媚びですら自分の成長に取り込んでいくことが大事なのです。「媚び」でなぜ上がっていけるのか、その本質を理解しておくことは決して損にはなりません。

プライベートをそこまで犠牲にしなくてもいいんじゃないか。今の上司の命令は誰が聞いても間違っている。そのことを指摘せずに笑ってごまかしても、間違っている上司が反省しないだろう。なのになぜへらへらと笑ってお愛想を振りまくんだ。そんな媚びだけで楽な仕事を回してもらって結果を出しても、決して実力なんて付きっこない。

そう考えることはたしかにおかしくはありません。けれども、その反感は半分正しくて、半分間違っています。

正しい点は、まさにそのとおりだからです。媚びることで出世できるのは、その上司側が安泰な場面です。しかしもし上司側の気が変わったり、立場が失われてしまったりしたらすべてをなくしてしまうかもしれません。また、あなたが感じるような不快感を、もちろん他の人も持つでしょう。その結果、周囲の人たちとのつながりをいびつなものにする可能性だってあります。

しかし媚びで出世してきた人を完全否定することが間違っていることも事実です。

そもそも権力者は、媚びる人が好きです。

そうでなくては西洋の道化師や、日本の太鼓持ちなんていう職業は生まれていません。職業になってしまうほどに権力者が媚びを求めているという事実を忘れてはいけないのです。

実は「媚び」を求めているのは権力者だけではありません。**「媚び」とは一般的な誰にでも有効なコミュニケーション手法に他ならないということを理解しておかなくてはいけません。**

たとえば、最近一般的に聞くようになったコーチングや傾聴の手法も、その本質は「媚び」の手法です。露骨におべんちゃらを使わないだけで、「相手の言葉を否定しない」「相手の言葉やしぐさを繰り返す」ことで同調していることによる親近感を与える手法なわけです。

どんな人も否定されることを嫌う、ということを覚えておかなければいけないのです。あなた自身だって「媚びる人を認めなきゃダメだ」ということを聞いて腹が立つとすれば、それはやはり自分の考えを否定されているから腹を立てるわけです。

「媚びる」ことを嫌う人は、「我が強いだけ」の人だったりします。

「我」を持たない状態で媚びていても、そうしてつくった人間関係は短命に終わります。しかし「我」を持っている状態で、**媚びるのではなく「相手の話を尊重する」「相手を否定しない」ように心掛ける**とどうなるでしょう?

それはあなた自身の価値を飛躍的に高めるきっかけになります。

もしあなたが今まで「媚び」を否定してきて不遇をかこっているとすれば、周囲の人を尊重するように心掛けるだけで、ずいぶんと見え方が変わるはずです。

媚びという行動を、権力者だけでなく周囲の人たちすべてを対象に変えて、露骨なおもねりから、相手に対する敬意に変えるだけでいいのです。そのような行動は、礼儀正しさやマナーと呼ばれるものになるからです。

成功している経営者の中でも年収1億円以上を稼いでいる人たちは、強い我を持っていますが、同時に相手を尊重する礼儀正しさやマナーを身に付けています。

ある会社のオーナー社長はプライベートでは極端にわがままな人ではありますが、ビジネスでは初対面の人に対する礼儀がとてもしっかりしています。相手が自分よりもひと回り、ふた回り若くても必ず丁寧語で接しながら、じっくりと相手の話を聴こうとします。

あなたの周りの成功している人たちを見てみてください。少し成功しているくらいだとまだ我が勝っているかもしれませんが、とても成功している人のレベルになると、礼儀やマナーのほうが勝るようになっているはずです。

気にしていなかったつながりを意識する

40代は付き合う人たちが変わるタイミングです。

今まで一緒に頑張っていた同僚たちの多くがそれぞれの道を選び始めます。会社の中でも、そのまま出世を目指す人もいれば、専門家として活躍する道を選ぶ人もいます。社外に出る人も徐々に増えますが、その目的は様々です。転職や独立だけでなく、社会貢献の道へ進んだり、あるいは家庭に入ったりする人もいるでしょう。

部下や後輩たちは脂がのっているタイミングにさしかかります。今やビジネスの最前線は30代です。40代の立場からは、自分自身の活躍もさることながら、彼らの活躍を支えていくことも重要になります。その関わり方は自分が主役になるのではなく、彼らを主役にするものです。

一番変化するのは上司や先輩たちでしょう。これまでと同じように活躍している人もいますが、キャリアを高めていくステージから一歩引いている人も増えてきます。いつまでも追いつけないと思っていた上司を、ふと気づくと追い越してしまっているかもしれません。ぎらぎらしていた人がおだやかになっていたり、場合によっては卑屈さが見えたりしていて残念な気持ちになることもあります。

30代まではある意味「仲間」をつくっていくステージでした。

海賊王になることを目指す冒険物語のように、自分自身が主人公になり、同じ方向を見つめながら旅に出られる仲間を集めていく。そうして大きな成功を得ていく。

40代でもそのような生き方は可能ですし、そうして大きな成果を生み出している人たちはいます。とはいえ、生物としての人間のピークは35歳から45歳の間です。体力的にも知力的にも、維持はできても向上させることには時間も労力もたくさん必要になります。

自分自身の我を押し通しながら成功していくには、とても大きな力が必要です。だから40代からは、周囲の人たちに助けられながら成功することを目指す必要があるのです。

そのために思い出すべき事実があります。体力や知力は減りますが、決して減らないものがいくつもあるということです。

その一つに**知り合った人間の数**があります。

かつては、同じ方向を向いていないから、趣味が違うから、尊敬に足る能力を持っていないから、知り合っても親しくならなかった人たちがいます。あるいは、目の前の仕事に忙殺されていたから、興味はあるけれど一歩を踏み出さなかった領域のつながりがあります。

経営者マインドを持って、相手を否定せず相手の話を尊重する。そのうえで、**知り合った人の話を、あと5分だけ聴いてみることをお勧めします。**

社内で言えばまず新人です。40代のあなたの前に立つ新人は、緊張しながらも仲間に入ろうとしています。そんなとき、上司や先輩の立場で話すよりも、まず話を聴いてみましょう。どんなところにたどり着きたいのか。どんな生き方をしたいのか。

他部署の人はもちろんそうです。仕事の依頼をしに行った際に、ついでに相手が話しやすいような問いかけをなげてみます。

取引先やお客様に対しても、問いかけて話を聴く、というサイクルを忘れずに実践するだけで、つながりがとてもできやすくなります。

30代に関する第2章で記したメモハラ（メモリーズ・ハラスメント）を行ってしまう可能性は、40代以降さらに高まります。相手の話を聴かずに延々と自分の話をし続ける40代と親しくなろうと考える人は、よほどできたやさしい人か、あるいは利用価値を探そうとしている利益重視の人です。
40代から良いつながりを築いていくためには、相手を尊重して話を聴く、というコミュニケーションの基本に立ち戻らなくてはなりません。

自分は「何ができる人」なのかを1行で説明できるか

40代からの長話は基本的に、百害あって一利なし。とはいえ、自分が何者なのかを相手に知らせることができなければ、つながりすらできません。

簡潔かつ的を射た自己紹介ができるかどうか。それが40代からの逆転を支える大きなきっかけになるのです。

なぜなら**多くの40代の人は「わかっている世界」に住んでいるから。**ビジネスにおいてもプライベートにおいても、自分も相手もわかり合えている、と感じている人たちと過ごしていることが大半です。

わかっている世界はとても居心地がいいものです。いつも同じ人たちと顔を合わせて、慣れた仕事を進め、ランチもいつもの店でいつものメンバーで。午後にはやはりベテランの域に達している仕事で成果を出し、たまには少し残業をして（人によってはいつもどおりたくさんの残業をして）、それからいつもの立ち飲み屋に寄って家に帰る。

そういう世界では、もちろん自己紹介は必要ありません。新しい出会いはほとんどありませんし、新しく学ぶべきこともほとんどない世界だからです。


しかし経営者はこのような生活をすることはありません。

特にバブル崩壊、リーマンショックなどの歴史的変動を経てきた経営者ほど、昨日と同じ今日が過ぎたとしても、明日は違うかもしれない、と考えます。

だからいつも新しい取り組みをしたいと考えています。

だからこそ、多くの経営者たちは、経営者がいない、と嘆いているのです。

自分の代わりになる経営者がいない！

今現在、会社の一部を任せられる経営者がいない！

これから先の次世代をつくる経営者がいない！

40代からの遅咲きを考えるということは、経営者の視点を持つということです。だからこそ、

今日と違う明日に準備しなくてはならないのです。そのスタートが自己紹介だと考えてみましょう。

初めての会合で自己紹介を求められたとき、1～2分で、と言われたにもかかわらず10分以上話してしまう人がいます。途中で司会者に遮られてもなお話し続けるつわものもいますが、なぜそうなるのでしょう。

第一の理由は状況がそうさせるということです。自己紹介の場では多くの人が黙って話を聴いてくれています。この状態が気持ちよくて、人はどんどん話し続けてしまうのです。なぜなら人は自分の話を聴いてもらうことに安心感と快さを感じてしまうからです。そうでなくては傾聴なんていうテクニックは生まれてきません。

制限時間を超えて話し続ける人がいるのも同様です。安心できて快い状態をもっと続けたい、というわがままさがそうさせると考えればわかりやすいでしょう。

第二の理由は、全部を知ってもらいたいと思うからです。第一の理由から安心感、快さが引き出されたとき、人はもっともっと知ってほしいと考えてゆきます。そうすると自分がどう考えたのか、どう行動したのか、結果どうなったのか、ということをこと細かく話してしまいます。

このような自己紹介をする人は、相手の記憶に残らないだけでなく、話下手でわがままな人、という印象だけを残すことになるでしょう。


簡潔な自己紹介はどうすればいいのでしょう。

場面によって異なるのですが、押さえておくべき基本は二つです。

①覚えてほしいスキル
②覚えてほしい夢や目標

この二つです。

そもそもその前に氏名を覚えてもらう必要があるのでは、と思われるかもしれませんが、氏名は極端な話、うろ覚えで構わないのです。

氏名は親しくなっていくうちに自然に覚えていくからです。それよりも大事なことは、**あまり親しくなっていない状況で思い出してもらう自己紹介をどうするか**、という点にあります。

ここでの自己紹介とは、あくまでも40代からの遅咲きのための自己紹介です。となれば氏名を覚えてもらうよりも先に、できることを覚えてもらったほうがいいわけです。

だから、何ができる人なのかを簡潔に自己紹介できることが最も重要です。

たとえば私の場合だと「人事評価と報酬制度を設計して20年以上になります」と伝えます。そこで「人事評価と報酬制度って何？」と思う人たちの集まりであればそれを簡潔に話せばわかってもらえます。あるいは人事評価と報酬制度の意味がわかる人たちであれば、補足するのはどういう業界、どういう規模の会社で実績を積んできたか、ということなどです。

ここで少し欲張って「キャリアの最初は会計系業務システムの導入でした」「防災情報システムの基本設計も行いました」「事業計画の策定も10社でお手伝いしてきました」という経歴も話してしまうとどうなるでしょう？

おそらく今読んでいただいて実感できたと思うのですが、とたんに私のスキルが何なのかわからなくなります。**あれもこれもできる、は記憶に残りません。結果として、思い出してもらえる人ではなくなるのです。**

せいぜい足すとすれば「社会人向けMBAスクールで、人材マネジメントの基礎を習得するための講師もしています」という程度でしょう。これなら「人事」という軸がぶれずに記憶に残るからです。

さらにもう一つの、覚えてほしい夢や目標まで話すことができれば、より思い出してもらいやすくなります。

私がよく話す例で言えば「多くの人にいつまでも活躍し続けてほしいと考えています。そのための仕組みを会社の中に構築することを目指していますし、仮に会社の外に出たとしても活躍し続けられるように、マネジメントスクールでの講師にも力を入れています」というように、覚えてほしいスキルとうまくつなげて話します。

なるべく多くの人に受け入れられるには、この夢や目標はできるだけ公益性の高いものであることが望ましいと考えられます。ただ、見られ方を気にしないのであれば、強烈な自分の欲望だけを話すことも有効です。あまり良い印象は与えないのですが、40代を超えて自分のストレートな欲望を多くの人たちの前で話す、ということ自体がとてもインパクトがあります。私が実際に聞いた例では「南の島に住みながら、ガールフレンドをたくさんつくって優雅に過ごしたいと考えています」と話す50歳手前の営業部長は強烈な印象を残してくれました。決して一般受けする自己紹介ではありませんが、同じような夢を持っている一部の人たちにはすごく共感されて、そこで新しい関係性をつくっている様子を見てきました。

ともあれ、自分ができるスキルを極めてシンプルに話すこと。そして公益性の高い夢や目標を話すこと。そのような自己紹介の習慣を付けることで、新しい経験への準備が整います。

自分の仕事を丸ごと引き継げる部下を見いだせ

もしあなたが逆転や遅咲きを目指さず、定年までの期間をまっとうしようとするのなら、日々の業務について私は次のようなことをお勧めします。それは40代から人事の仕組みをうまく使いこなす方法でもあります。

まず、目の前の仕事を手放さないこと。

会社から技能承継を指示されたとしても、のらりくらりと引き延ばしてください。

仮にあなたの頭の中にだけ作業手順が入っているとすれば、そのマニュアル化は絶対にしないほうがいいでしょう。

もしあなたが行っている業務についての技能や手順を明確にして、若手にそれを引き継いでしまったらどうなるでしょう。

若手の覚えが早くてできるようになればなるほど、あなたは次第に居場所を失ってしまう可能性が高まってゆきます。やがて若手が働きにくいから、という理由で別の部署で新しい、そして比較的単調な業務に就くことになるかもしれません。

会社の視点、経営者の視点としては、年長者から若手に技能承継をしてほしいのは当然です。しかし働いている個人の視点からすれば、そんなことに従ってしまうと自分の存在価値が失われてしまうかもしれません。


しかしもしあなたが逆転や遅咲きを目指すのであれば、私はまったく反対のことをお伝えしたいと思います。

それは技能承継どころか、**自分が行っているすべての業務を任せられる部下を育てる**ことです。それもなるべく徹底して、できれば今の**あなたよりも高いレベルの結果を出せるように育てること**です。

勘のいい人なら気付いたかもしれませんね。

実はこのように業務を総合的に把握し、かつ高いレベルの結果を出せるように育成することこそが、経営者の視点を持つことになるのです。だから結果としてあなた以上の仕事ができる部下が育つ頃には、あなたには新しい役割が与えられることになるはず。それは少なくとも今のポジションよりもさらに上の役割になっています。

ある会社の財務部長がキャリアに悩んでいるときに、ちょうどこの助言をしました。財務部長はすでに経理・財務畑で15年。経理に加えて財務全般の業務に習熟していたのですが、役員の間からそのことについて改善の命令が出ていました。いつまでも仕事を抱え込むのではなく、さっさと若手に仕事を引き継げ、と。

しかし彼自身は、もし仕事を引き継いでしまったらお払い箱になるんじゃないか、と危惧していました。彼の上役は管理本部長で、社内政治に長けた総務畑出身の取締役でした。そして彼はスキルを振りかざして正論ばかりを言う財務部長を、引き上げる気がないことを公言していました。

第2章で記したような、尖ったスキルはあるけれど、つながりを丸くできていないのがこの財務部長の状態だったわけです。だから社内政治にやられてしまいそうになっていました。

そこで私が彼に助言したのは、いっそのこと財務部長の仕事を丸ごと引き継げるような育成を行うことでした。ただ、そのために最適な人材がすぐに見つかるわけではなかったので、少なくとも二人の候補者を挙げてもらいました。一人は経理課長、もう一人は経営企画の次長でした。

もちろん彼は半信半疑だったのですが、管理担当役員にせっつかれ続けて逃げられなくなっていました。そこで経理課長と経営企画次長を集めて勉強会形式で、財務部長の業務内容について定期的な指導をしてゆきました。

しかし勉強会を開催してみると、一方的に教えるというよりは、やがてディスカッション形式に変わっていったのです。たとえば経営企画の立場で言えば、月次決算は翌月の3日までに欲しい。そうしないと月初の取締役会に間に合わないから、ということです。しかし経理の立場で言えば、そもそも月末時点で確実に請求書が届いているわけではないので、支払いを確定できないから決算もできない、という現状がわかったりしました。一方で財務の立場で言えば、もちろん決算情報の早期化は目指したいのですが、それよりもキャッシュフローを安定させるための検討が優先するということがわかってきました。

業務の引き継ぎのための勉強会は、やがて経営改善のための課題抽出と対策検討の集まりに変化してゆきました。

引き継ぎのための勉強会を続ける中で課題と対策が明らかになったので、財務部長らが自主的に改革案を取締役会に提案したところ、社長を中心とした経営陣から、経理財務の総合改革を進める指示が下りました。彼はそのプロジェクトのリーダーとなるとともに、管理副本部長のポストに異動しました。部長よりも昇進しただけでなく、プロジェクトの結果次第では役員昇任も目指せる状態を構築できたのです。実際にその2年後、経理財務の総合業務改革は成功裏に終わりました。さらにその1年後、現在の取締役は監査役に就任し、彼が取締役管理本部長を拝命することになったのです。

この話はたまたまでき過ぎている状況であるかもしれません。この財務部長にしても、何か一つ歯車が違えば、単純に財務部長を退き、専門職として60歳定年を迎えることになったでしょう。

しかし仮にそのような方向へ向かったとしても、経営者の視点を持って活動したことは必ずプラスの結果を生むことになります。

確実に言えることは、**目の前の仕事に単純にしがみつくだけでは、40代からの逆転を手に入れることはとても難しい**ということです。リスキーに見えはしますが、より本質に近づく選択をすることが、高く長く成功し続けるきっかけを与えてくれるのです。

40代の転職は経営層との接し方で伸びる

40代からの逆転・遅咲きに、転職という選択肢はすでに当然となっています。転職できる年齢上限はかつて30歳と言われていましたが、やがて35歳となり40歳となり、今では40代であっても転職する人は増えてきています。

しかし**40代の転職が20代、30代の転職に比べて条件が厳しいことは当然です**。特に難しいのは、40代で転職できる人であっても最初は格落ち転職を選ぶ必要があることです。

40代での格上げ転職は極めて例外的です。経営の失策によって会社が倒産してしまった場合とか、あるいは会社のレベルに比べて極めて高い実績を挙げたから引き抜かれるような場合です。さらに、格上げ転職ができる業界自体がある程度限られています。少なくとも業界自体が成長していなければ、前向きな転職を受け入れることが困難だからです。

第2章に記したように、格落ち転職を選んだあとは、飛び級での昇進を目指す必要があります。その際のポイントは専門性とつながり。特に転職したあとの経営層とのつながり方が重要でした。

40代の転職では、さらに意識しておくべきポイントがあります。

それは転職先の経営者に対するYESマンになり過ぎないようにすることです。**時には諫言することがキャリアを伸ばすきっかけになるのです。**

おや、と思われたのではないでしょうか。

転職先で新人となるのだから、特に採用してくれた社長に対しては、良くも悪くも「媚び」ているほうがいいんじゃないかと思うことは当然です。そのほうが転職先での社内政治にやられる可能性も低くなるでしょう。

しかし実際に40代で転職してその後伸びている人、落ちている人たちを見比べると、どちらかと言えばうるさ型のほうが伸びているのです。

ちょうどある会社で、3カ月違いで40代の同世代の人たちが転職してきました。二人とも営業のプレイングマネジャーとして採用され、それぞれ違うエリアに配属されました。

二人の営業スタイルは似たものでしたが、極端に違ったのは経営層への接し方でした。特に社長への接し方が大きく異なっていたのです。

一人目を仮にAさんとしましょう。彼はどちらかといえば、つながりを丸くするタイプでした。特に社長に対しては積極的に同意を示しながら、若干媚びているように見えるくらいにコミュニケーションをとっていました。

二人目はBさん。彼も営業のプレイングマネジャーだから、一般的なコミュニケーションはとれていました。しかし社長に対して厳しい物言いもすることが多かったのです。

私が人事改革のプロジェクトを進めるときに、社長はこの二人のプレイングマネジャーを呼んで、同じ場所で意見を聴きました。具体的には、古くから会社で活躍してくれているけれど最近は時代に取り残されてしまっている60歳手前の社員たちを人事制度上でどのように処遇するか、ということについての意見を聴いたのです。

Aさんは、まず最初に「社長はどうお考えですか?」と尋ねました。それに対して社長は、「やはり30年以上頑張ってくれているんだから、時代に合わないとはいえ、それなりの処遇をすべきじゃないかと考えている」と答えました。「なるほど。私も社長のその見解に賛成です。そのほうが人事改革を前向きに捉える人が増えるでしょうから」とAさんは答えました。

しかしBさんは「扱う商品も変わっていますし、これからは私たちよりもさらに若い世代に活躍してもらわないといけません。だとすれば年配者優遇は逆効果だと思います。むしろ若手を優遇するための資金を捻出するためにも、一歩引いた処遇にすべきでしょう」と言いました。

二人を帰したあとで社長は私に言いました。

「Aくんは周りとうまくやるタイプだから安心して現場を任せられますよね。でも私がそばに置きたいのは、私の見解を客観的に見てくれるBくんですね。でなければわざわざ中途採用をした意味がないでしょう」

この社長の言葉に、40代からの逆転のポイントがあらわれています。40代で転職して、そのまま現場で活躍し続けたいのであれば社長に対するYESマンのほうがよいのです。

しかし経営層へのさらなる出世を目指すのであれば、転職しているからこそ、YESマンでありたいという思いを抑えて、正論を言うべきポイントがあるのです。

もちろん、なんでもかんでも正論を言う必要はありません。基本的には郷に入っては郷に従うべきですし、また傾聴などのテクニックも用いて、相手に対する敬意も示す必要があります。しかし重要なポイントで社長と違う意見を示すことで、さらに飛躍できる可能性が手に入るのです。

そういった諫言を聞き入れてくれる社長の会社は伸びやすい傾向もあります。ただ、繰り返しますが、いつでもどこでも正論や諫言を言うことはお勧めできません。割合でいえば、10回に1回がちょうどいいくらいでしょう。

専門分野より
会社の存在意義を考えられるか

尖った専門性を獲得していくと、専門性の視点からすべてを見ることが増えます。では、その専門性をどのように活用すべきなのでしょう。

もしあなたが今いる会社でさらに上位のポストへの出世を目指すとすれば、実は専門性を持ちつつも、その打ち出し方を考える必要があるのです。

たとえば取締役じゃない状態で経営会議に呼ばれるとすれば、それは専門性に基づく意見を求められる場合でしょう。そんなときに、専門性の観点「だけ」から意見を示してしまうと、出世の芽を摘んでしまうことがあるのです。

私は人事コンサルタントですが、広く組織・人事の改革をお手伝いすることもあります。その一つに、管理部門のシェアードサービス化を設計する取り組みがあります。

シェアードサービスとは、複数の法人によるグループ経営を行っている場合などで、たとえば総務、経理、人事、情報システム、法務などの管理部門の機能を一元化して、各法人に対してそれらのサービスを提供させる形にしようとする組織変革の考え方です。グループ内ではありますが、実際に対価を発生させる場合もあり、その際には業務の整理などで比較的大がかりな改革になります。

ある企業グループでシェアードサービス化を進めていたときのことです。経営企画部を中心として改革案を設計していましたが、プロジェクトの場にはそれぞれの部署から代表者が出席していました。

プロジェクトの場での彼らの行動は大きく2種類に分かれていたのですが、それから5年ほどで、そのときの行動が出世に影響していたことがわかったのです。

第一のグループは、専門性を背景にした意見を積極的に示してきた人たちです。たとえば親会社と子会社、孫会社それぞれの経理基準の違いを示しながら、それらを一元的に処理するためにどれだけの準備が必要なのかということを具体的に示していたのは経理の担当部長（部長級の専門職）でした。また法務部門では、特に知的財産に関わる領域での対応が必要な法人とそうでない法人とが明確に分かれていることを示しながら、法務はシェアードサービスの対象としないほうが望ましいという意見を示していました。

しかし第二のグループは、専門性よりもむしろシェアード化後の形についての議論をしていました。たとえば情報システム部門は、自部署はシェアード化に最も適している、と前向きに示したうえで、併せて基幹情報システムを統合して、情報システム投資と費用の効率化を示してきました。人事でもやはり給与計算などの業務がシェアード化に向いているとして、さらに、異動案検討などの業務機能もどうせなら各事業のトップに任せてしまおうという提言をしていました。人事企画機能は経営企画に統合して、そもそも人事をほぼ解体してもよいのでは、という提言でした。

結果としてシェアードサービス会社に転籍したのは経理部長と法務部長、情報システム部長でした。

経理部長は「それだけ大変なのだったら君が総責任者としてシェアードサービスの立ち上げを完遂するように」との指示を受けました。役職は本部長へ昇進しましたが、給与は引き下げられる形での異動となり、その後は役員にならずに定年を迎えました。

法務部長も同様で、数年後に専門職に退き、定年後にはすでに持っていた弁理士資格で独立したという話を聞きました。それはそれで逆転とも言えるかもしれません。

一方で情報システム部長はシェアードサービス会社の役員となり、やがて副社長にまで昇進しました。

人事部長は結局シェアードサービス会社に転籍しませんでした。彼の部下である給与課長が転籍したのですが、部長はそのまま親会社に残り、現在は監査役を務めています。

どちらもそれほど悪くない結果とはなっていますが、どちらかといえば第二のグループのほうがより高く長く成功できています。その違いがどこにあったのかと言えば、**改革の意義を専門性を超えた視点から捉えていたかどうかにあります**。

第一のグループは、要は専門性を背景にしながら、改革に反対意見を示していました。実際にプロジェクト検討の場ではたいてい「しかし前例がない」「こういう場合はどうする」というような慎重派の意見を示していたのです。

一方で第二のグループは「シェアード化したグループ経営においては」「分離した側の法人においては」というようにすでに改革が進んだものとしての状態をイメージしながら意見を示していました。

いずれの意見も、専門性なくして出せない意見です。しかし第一のグループは自分の専門性を守るための意見。第二のグループは、場合によっては自分の専門性を不要にしてしまってもよい、という意見でした。

それらの意見は、同じ改革にたずさわったとしても、専門家としての視点にとどまるか、経営者の視点で考えられるかで大きく変わってしまうのです。

「年の功」が活きる能力をとことん伸ばせるか

40代で守りに入ると、どうしても不安感だけが高まります。

だからこそ新しい経験に対してオープンになるべきなのですが、第1章で20代向けに記したように、新しいことばかりを探していては、どうしても「積む」ことができなくなります。

「積む」ということは、たとえば手に入れた専門性を高めていくとか、一度知り合った人との関係性を深めていくような取り組みのことです。そうした取り組みがなければ、専門性もつながりも一過性のものにとどまります。

20代の頃に積極的に学んだように、40代からもう一度学ぶ姿勢が必要なのです。

とはいえ20代と違って40代では思考力、暗記力、計算力などは低下しています。これらは流動性知能と呼ばれるもので、新しい場面に適応するための能力です。年を取ると流動性知能が下がるのだから、新しいことに対して否定的になるのは仕方がないことなのです。

しかし年を取って伸びる能力があります。それは主に判断力や、効率的に物事を進める力です。これらを結晶性知能と言うのですが、これらの知能を活かしてゆければ、40代で手に入れた専門性やつながりも深めて伸ばしていくことが可能になります。

私自身も40代後半の年齢ですので、心掛けている具体的な方法は次のようなものです。

【新しい出会いから学ぶ方法】

①次に会う約束を「具体的に」する

②①ができなかった場合にはすぐになんらかの手段（メール、メッセージなど）でお礼を告げる。できればその場で次に会う約束をとりつける

③相手から返信がなくても気にしない

この3ステップが知り合った人との関係性を深めていく基本です。

ここで重要なポイントは、実は三つ目のステップにあります。

返信がなくても（断られても）気にしない。

断られる原因はたいていの場合、相手から見れば現時点であなたと深く知り合うことに価値が見いだせない、ということです。でもそれがわかるだけでも十分に意味があります。

大事なことは、こちらから誘ったという事実が残ることです。そうすれば、たとえ現時点で深く知り合う理由がなかったとしても、何かのきっかけのときに、相手側から声をかけられやすくなります。

私の場合でも、「先日は都合が合わなかったのですが、直近だと時間が取れそうです。ご都合の良い日時はありますか？」というような連絡が半年以上も過ぎてからきたことは、一度や二度ではありません。

そうして再び出会うことができたのなら、次の割合で会話を試みてみましょう。

自分から話す割合　：30％

相手の話を促す割合：70％

この割合は私の経験値ですが、自分から話す割合はもっと少なくてもいいかもしれません。なぜなら多くの人たちにとって会話とは、相手の話を聴くことや、自分の話に意見を言ってもらうことではないからです。**多くの人にとっての会話とは、一方的に自分の話をし続けることです。**それに対して相づちをうちながら肯定的に聴いていてくれていた人との間で、「いい会話ができた」と思うものです。
だからこそ、関係性を深めるためには、相手の話を聴くことがとても有効なのです。

【手に入れた専門性を深める方法】

次に専門性を深めて伸ばす方法ですが、次のステップを踏むことをお勧めします。
①その専門性における有名人を探す
②その有名人が記した本やインタビューなどの記事を探して読む
③そのことについて自分なりの理解で書き下ろしてみる

専門性というものは、体系的に身に付けなければまったく意味をなしません。たとえば趣味として囲碁を学ぶことを考えてみましょう。もし囲碁をしてみたい、というだけなら、無料の囲碁ゲームを始めればいいでしょう。
しかしもし強くなりたいのなら、基礎から学ばなくてはいけません。しかし入門書はどれを選べばよいかわからないくらいたくさんあります。そんなとき、どれでもいいから手にするのも一つの方法ですが、効率的に身に付けようと思うのなら、一番有名な人のものを選ぶべきです。なぜなら、**知識や専門性はそれ単体として成立しているのではなく、その知識や専門性を持っている人と合わせて成立しているものだから**です。

そのうえで、学んだことを自分の言葉で書き下ろしてみると、理解が深まります。

もちろんそこで手に入れた専門性は、その道の専門家からすればまだまだ浅いものです。しかし**体系的かつ自分の言葉として身に付けた専門性は、そこからさらに伸ばせるようになります。**

そこで活きてくるのはもちろん判断力です。どこでこの専門性を活かすことができるのか、どういうときに応用することができるのか、という幅を持った考え方は、年の功があるからこそできるものです。

新しい出会いと専門性は、それぞれ独立して伸ばすこともできますが、これらを合わせていくとさらに伸びる可能性が高くなります。また、そこから新しいきっかけを得ることも容易になります。

大事なことは、今一歩を踏み出すことなのです。

マネジメント力を自分なりの力にできるか

私たちは「マネジメント」というキーワードを意識して働いています。特に40代でマネジメントを意識していない人はいないでしょう。

管理職として成功するにはマネジメントを覚えなくてはいけませんし、仮に専門家であったとしても、リーダーシップや経理知識を身に付けなければいけないだろう、という気持ちは自然と持っているはずです。それらの思いに応えるために、多くの書籍が出版されていますし、セミナーや研修なども頻繁に開催されています。

しかし「マネジメントって何ですか？」と尋ねると、人によって答えはまちまちです。

実は、**マネジメントという概念は時と場合によって変化します**。また、定義そのものも単一ではありません。ある著名学者の定義と、別の著名学者の定義がまったく異なっている部分も多いのです。

有名なところでは、リーダーシップとマネジメントとの関係性です。ピーター・Ｆ・ドラッカーはマネジメントの中にリーダーシップを含めて定義しています。つまりマネジメントができる人とはリーダーシップも発揮できる人、ということです。

しかしジョン・P・コッターの定義は違います。彼もまたとても有名な経営学者なのですが、マネジメントが重要になるのは守りのときだと言います。そして攻めるときにはリーダーシップを発揮しなければいけない、というように別の概念として定義しています。

いずれの定義に従うにしても、大事なポイントがあります。それは**マネジメントというのは要は、経営資源の使い方だということです。**そして、その中でも**人を無視したマネジメントはあり得ないということです。**

だからもし今自分にとってマネジメントが十分にできていないのであれば、まず人という経営資源との関係性を見直すことから始めましょう。

そこで使いやすいのは、四つの力です。

「怒る力」は組織全体を引き締め、正しい方向性を示し、再スタートを切る活力を与える力です。

「認める力」は、あなたと一緒に活躍する一人一人に重要な扱いを受けているという気持ちを与える力です。

図3-2｜得意な力とその隣の力を使えばマネジメント力は倍増する

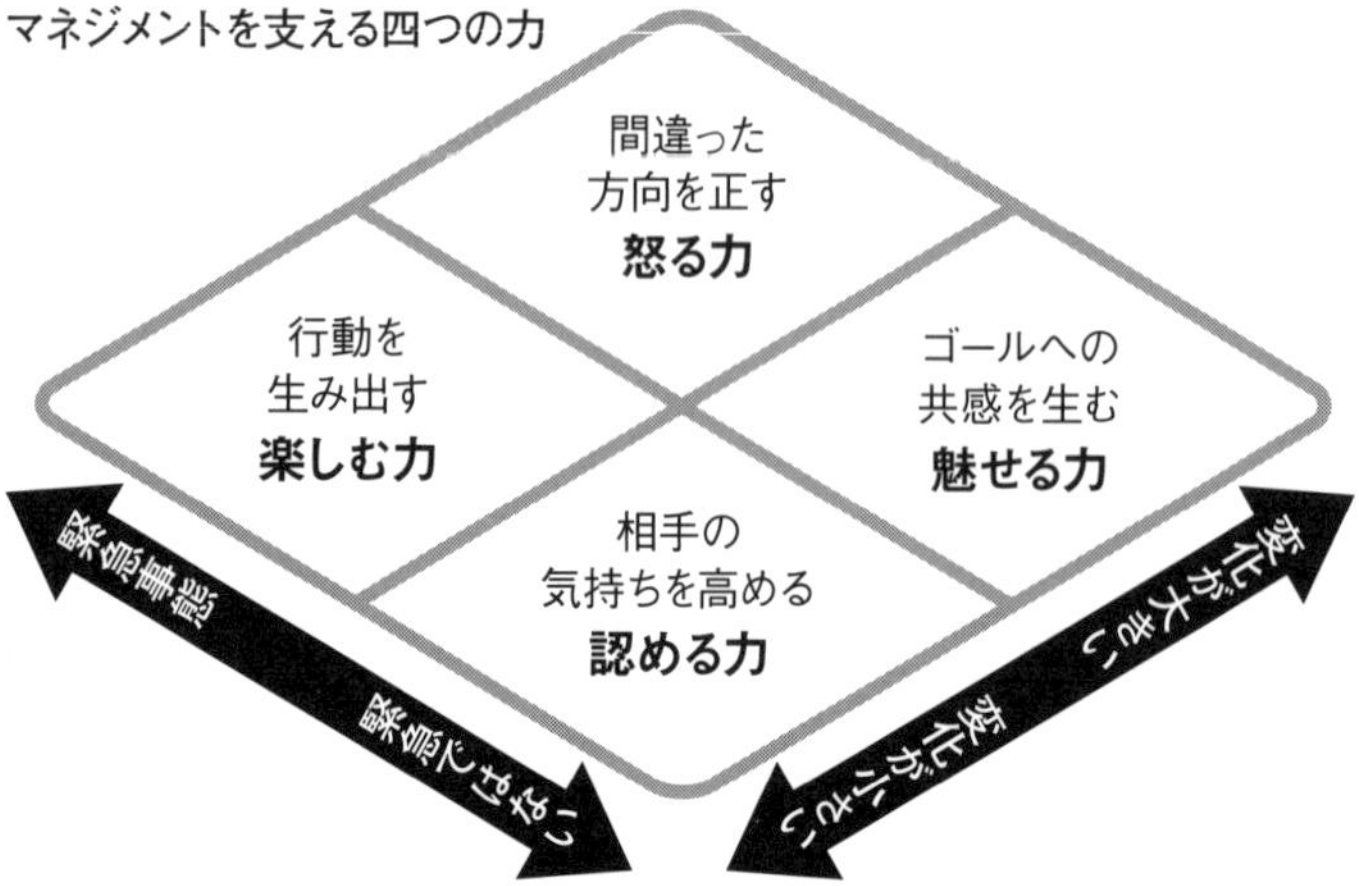

「楽しむ力」は、目の前の仕事に全力を尽くせるよう促していく力です。

「魅せる力」は、ゴールへの共感を生む力です。

これらの**マネジメントを支える四つの力**についての詳細は『課長1年目の教科書』(※)に詳しく記しましたが、大事なことは自分に向いている力を見極めることです。

ここに示した四つの力は、実はそれだけだとデメリットを持っています。

「怒る力」だけで人と接していると、相手から、自分の考えで動く力を奪ってしまいます。

「認める力」だけで人と接していると、相

手から良い顔だけをされるようになり、本当はどうなっているのかを知らされなくなります。「楽しむ力」だけで人と接していると、相手は次第に自分勝手な行動をとるようになります。「魅せる力」だけで人と接していると、相手は何かを成し遂げようとはしなくなります。だから、できればあなたに向いている力に加えて、その隣の力を手に入れましょう。

たとえば普段から怒りっぽいと思われているとすれば、あなたに向いているのは「怒る力」です。あなたと接することで、周囲の人たちは何を軸にして考えるべきかを都度、あらためて考えさせられることになっているでしょう。

でも「怒る力」だけでは、あなたの部下たちは自分から意見を言わなくなってしまいます。だから、その隣に位置する「魅せる力」で共感を生んでみてはどうでしょう。なぜ怒るのか。その先にあるゴールがどういうもので、そこにたどり着くことがどれだけ魅力的なのかを語ることができれば、間違いを正すあなたの行動を理解する人はさらに増えるのです。

あるいは「楽しむ力」で行動につなげていくことも考えられます。怒るタイミングを絞り込んで、とにかく行動してゆく。誰かが行っている行動を賞賛し、互いに楽しみながら働ける状況をつくっていくと、組織としてのスピードがどんどん速まっていくでしょう。

※かんき出版、2016年、第4章、第5章

40代を一人で過ごすことは、とても困難です。

周囲の人たちにいかに影響を及ぼし、ともに活躍してゆくか。そこではマネジメントの本質を見極めた力を発揮してゆかなければいけません。

処方箋

③

40代がやっておくべきこと「尊敬される役員を目指す」

□経営の視点から、何が正しくて何が間違っているのかを考える

□「相手の話を尊重する」「相手を否定しない」ように心掛ける

（例）知り合った人の話を、あと5分だけ黙って聴いてみる

□簡潔な自己紹介のポイントを押さえて覚えてもらう

①覚えてほしいスキル

②覚えてほしい夢や目標

□自分が行っているすべての業務を任せられる部下を育てる

できれば今の自分よりも高いレベルの結果を出せるよう

□時には諫言することがキャリアを伸ばす

□改革の意義を専門性を超えた視点から捉える

□20代の頃に積極的に学んだように、40代からもう一度学ぶ

①知り合った人との関係性を深めていく

②専門性は体系的かつ自分の言葉として身に付ける

□マネジメントを支える四つの力を使いこなす

第4章

50代

会社にこだわらない成功を目指せ

CASE④

商社
Dさん

50代

「上に
言われるまま
やってきたが、
先がない……」

人事改革とは異なる仕事でご一緒したDさんは、商社マンとして、知る人ぞ知る実力派の方でした。ちょうど50歳を過ぎたくらいで、有能感あふれる快活な人柄に、周囲の人も親近感を強く持っていました。もちろん私もその一人でした。

しかしあるとき、Dさんから長いメールが届きました。ちょうどご一緒している仕事が一段落したタイミングだったので、結果を振り返っての話かと思ったら、実はDさん自身のキャリアについてのご相談でした。せっかくなのでメールではなくて、直接お会いしてご相談に乗ったのですが、開口一番、彼は意外なことを話しました。

「ご承知のように現在の仕事ではそこそこの結果を出せているんですが、実はこの先がない、と感じてるんですよ」

「え？　いいや、これだけのご経歴を積んで、先がないってことはないいんじゃないですか？」

思わずそう口にした私に、Dさんはさびしそうに笑いました。

「実は1年下の後輩が取締役になることが決まりましてね。多分、もう私が取締役になれる芽はなくなったんです。そう思うと、まぁやりきれなくなってあんなメールを送ってしまったんです」

なるほど。たしかにDさんほどの経歴の人だと、会社の中で昇進するにはもう取締役しかポストがありません。もちろんDさん自身もそのことを意識して活躍されてきたのですが、年次が下の人に先に取締役になられてしまったわけです。たしかにそれだと、取締役になれる芽はかなり小さそうです。

普通のキャリア相談と違い、Dさんの会社の人事制度を私が設計してきたわけではありません。だから社内の等級や評価の仕組みもわかりません。

ただ、そもそも取締役への任用基準は明文化されていないことが一般的です。だから元気をなくしているDさんを勇気づけるだけでなく、実際にここからさらにキャリアを高めていただくための助言ができないものか、と考えました。

「Dさんの会社はかなり大きいじゃないですか。取締役もその分、たくさんいらっしゃるんですよね」

「いや、最近は減ってますよ。社外取締役の割合も増えてますしね。たしか社内取締役で10人くらい。執行役員がそれ以外に20人といったところですか」

「Dさんが追い抜かれたとおっしゃる後輩の方は、Dさんと同じ部署の方なんですか?」

「そうではないですね。あくまでも年次のうえです」

だったらチャンスはある、と私は考えました。

「これは一般論になってしまうんですが、まだ役員の芽は残っていると思うんです。もちろん会社の中での出世だけを考えておられるわけではないとは思うんですが、Dさんのご経歴的にも今のポジションから下げられることはないでしょうし、一つチャレンジされてみてはどうでしょう?」

「なるほど。でもチャレンジとは?」

私は以前、Dさんの会社で進めるという大型プロジェクトの話を思い出していました。

「たしかあのプロジェクトはまだ開始していないんですよね」

「そういえばそうですね……はぁなるほど。たしかに今の私のやっていることと、あのプロジェクトは近いですね」

全部を口にするまでもなく、Dさんは私が言おうとすることを察していました。

「たしかに、あのプロジェクトに参加して成功させることができれば、もう少し上に行ける芽も出てきそうだ。なるほどなぁ」

そう口にしているDさんは、すでにやる気に満ちているようでした。結果として参加できないにしても、少なくとも今落ち込んでいる気持ちを改善するきっかけを提供できたようで、私は少し安心しました。

するとDさんはもう一つ、と言って私に質問してきました。

「今回ご縁があって1年ほど一緒に仕事を進めさせていただいたわけですが、正直なところ平康さんから客観的に見て、私にもっと上に行く能力はあると思いますか？」

その表情はとても真剣なもので、私も真面目に答えました。

「能力はわかりません。でも、行っておられた行動は、大企業の取締役にふさわしいものだったと感じています」

「ありがとう」

そう言って私の手を握ってくれたDさんは、無事そのプロジェクトに参加することができました。現状では役員手前のポストですが、仮に役員になれないとしても、やりがいを感じておられると信じています。

ほとんどの人が「落ちていく」感覚にさらされる時期

私は今40代後半なので、50代の生き方を実感を持って語ることはできません。しかし職業柄、常に年上の方々とのお付き合いをしてきました。

最近は出世に関するキャリア構築の本を何冊か書いた関係で、そうしてお付き合いのある先輩から逆に相談を受けることも増えました。

そこで気付くのは、**多くの50代の方が「落ちていく」感覚を持っている**ということです。

たしかに人事の仕組みから言えば、50代の時点ですでに部長以上のポストについていなければ、そこからさらに上を目指せる可能性はほとんどありません。また部長になっていたとしても、ある程度上を目指せるような期待感が示されているか、同じ部長級でも「執行役員」という肩書がなければ厳しいでしょう。

だから現状を冷静に把握できる優秀な人ほど、今がすでに頂点にいる。ここからは落ちていくしかない、と感じるのは当然のことです。

しかし50代から落ちていく、と感じるのは少々古い考え方だと言わざるを得ません。

50代のタイミングで落ちていくと感じるのは、新卒で入った会社で定年まで勤め上げる、というレールを前提にした考え方だからです。60歳、あるいは65歳という定年を控えて、もうそれほど活躍できないだろう、という意識が気持ちを下げてゆくのです。

しかし人生は50代からでも30年あります。

30年といえば、22歳から見れば52歳まで。それだけの期間に、あなたは何をしてこられたでしょう？　仮に一般的な健康寿命で考えたとしても20年があり、これは22歳から42歳という人生で最も大きく成長し活躍できた期間と一致する年数です。

それだけのことが、これからまたできるかもしれない。

そう考えてみれば、落ちていく気持ちにさらされている暇がないことがわかります。大事なことはなぜ「落ちていく気持ち」になるのか、その理由を知ることです。それは定年が見えてきたから、ではないのです。

気持ちが落ちる最も大きな理由は、居場所の喪失です。

慣れ親しんだ場所から離れなくてはいけない、という感覚こそが気持ちを後ろ向きにさせる最大の理由なのです。

考えてみれば、現在の50代の人たちは、平均生涯転職回数が1回に満たない世代です。だから普通に活躍している人なら、新卒で入った会社でそのままきているわけです（ちなみに現在の30代以下だと転職していない人のほうが少数派です）。

その一方で、会社都合での転勤は受け入れてきた世代ですから、転居そのものには大きな抵抗感はないでしょう。だから住んでいる場所という意味としての居場所ではなく、**所属しているコミュニティという意味での居場所の喪失に慣れていない世代**だと言えます。

つまり定年そのものではなく、定年によってコミュニティを失うことへの対応をどうすべきか、という視点が必要なわけです。

コミュニティ喪失は特に、都市部への人口の一極集中によって起きる問題とも言われています。より具体的に言えば、親族関係や地縁関係というコミュニティが失われていくことが都市化の影響だと言えるわけです。その一方で、都市部で働くことによって、親族関係や地縁関係以外のコミュニティが拡大します。中でも特に、会社の同僚関係を中心としたコミュニティが生活を支えていくのです。

私がコンサルティングをしてきた中でも、東京の企業での50代の方々の落ち込み方が一番強かったように思います。その一方で大阪では落ち込み方が弱く、福岡や広島、山形や岩手での落ち込み方はさらに弱かったと感じています。それは地縁、血縁のしがらみを離れて、ある意味で自由に生きることの代償なのかもしれません。

さて、現在のよりどころとしているコミュニティが失われるときの選択肢は基本的に二つです。

①既存コミュニティを存続させる
②新たなコミュニティを作り出す

既存コミュニティの存続とは、具体的にはOB／OGの集まりに力を入れることです。伝統的な大企業では、一定以上の役職で定年を迎えた人向けの同窓会的組織を設けている場合もあります。あるいは独自に関係を保ちながら、ゴルフや山歩き、飲み会などを継続していく例も多々見かけます。

しかし今50代の時点で、そのような取り組みをしたい人は少数派でしょう。コミュニティが失われることはつらいけれど、今の同僚たちとこれからも顔を合わせていくのはいやだ、という意見を聞いたこともあります。

だとすれば、選択肢は二つ目に移ります。

新たなコミュニティの創出。

そのためには第3章に記したように、新しい出会いをつくっていく必要があります。40代から新しい出会いをつくるよりも50代からのほうが難しい局面もあります。しかし50代だからこそ受け入れられやすい場合もあります。相手がさらに年配者の場合もそうですし、もしあなたに尖った専門性があるのなら、若い人たちとのつながりもつくっていくことは難しくはありません。

ただし自分から動きだすこと。

これまでは会社の指示命令に従っていればよかったのですが、これからは全部自分から始めなければいけません。

「会社」人生に「自分」人生を重ねていく

50代で会社人生を振り返る方の話を聴いていると、それはとても興味深いものです。下手な小説よりもずっと起伏に富んでいて、時にはハラハラもするし、時にはワクワクもする。そんなキャリアをうかがうことができます。

しかしそこでふと、「会社しかなかったな」とつぶやかれる方がいます。コミュニティが職場にしかなかったタイプの人ですが、意外にそう思われている人は多いようです。

会社人生＝自分人生、という人たち。

職業としてのキャリアが自分の人生と一致している場合には、その二つを切り離して考えることはとても難しいものです。

だから私は、50代の方にこれからのキャリア相談を受けた際には、**会社人生と自分人生とを切り離さずに完全に重ねて考えることをお勧めしています。**

それは自分のキャリアをすべて肯定する考え方になれるからです。

どのような働き方をしてきたとしても、**仕事と生活とは本質的に切り離すことはできません。**たとえ会社を中心に考えてきた、としても、都度の選択に生活も必ず影響していたはずだからです。

結婚している方なら、結婚を意識したときにどんな仕事をしていたのか。結婚を機に仕事の進め方はどう変わったのか。

お子さんがいらっしゃるのなら、生まれたときから現在に至るまでの成長と、仕事とをオーバーラップさせた振り返りはさらに容易になるでしょう。

良いことも悪いことも過ぎてしまえば過去の話です。そのときに何をしていて、どんな決断をしたのかを思い出していけば、そこには決して「会社しかなかったな」という思いは残りません。

そうして第2章に記したような、尖った専門性と、丸いつながりを意識してみましょう。そうすれば自分が築いてきたものが具体的に見えてくるはずです。

ある50代後半の人にこうした助言をしたところ、後日こう考えてみた、と話してくれました。

＊＊＊＊＊＊＊＊＊＊＊＊＊＊＊＊＊

大学には1浪したもののなんとか4年で卒業できたのがもう35年前です。うちの大学からは都銀に行くのが安定的なコースだったので、御多分にもれず私もそう選択しました。

それからは会社会社の生活を続けてきましたが、言われてみればたしかに生活も深く関係していました。

最初に転勤の辞令を受けたのは28歳のときでした。1ランクの昇進と同時に福岡支店への配属。もちろん断る選択肢なんかなかったけれど、ちょうど結婚を考えていた彼女と少し倦怠感が出ていた頃でもありました。

転勤命令は、結婚を決意するきっかけになりましたね。まあ当時は、結婚して男はやっと一人前、みたいな風潮があったことも事実です。

子どもが二人生まれたのはその福岡勤務の間でしたっけ。本当なら4年で戻れるはずが、私の場合は8年の勤務になりました。だから上の子どもが小学校に入った頃に、次の転勤の話がやってきたんです。

普通の出世コースではなかったけれど、それからは順調に歩んできたんじゃないでしょうか。支店長にはなれなかったけれど、それなりの役職にはついて、こうして今はグループ会社で管理職として過ごせていますから。取引先への出向よりはずいぶんましですし。

今あらためて考えてみれば、私の状況は決して悪くはないんですよね。子どもは二人とも独立していて手がかかりません。妻は趣味で始めたネットオークションにはまっていて、なんでも月に5万円くらいは利益を出しているとか。お互いに自立しているからこそ、それぞれの時間を自由に楽しむことができるわけですからね。

あるいは、私が築いてきた専門性というのが人と人とをつなげることですから、それを活かしてこれから何かを新しく始めてみてもいいかな、とも思っています。会社の肩書がないとつき合えなくなる、とよく言われますが、私の場合はそうでもないようで、銀行員時代の取引先の方々からは今でもたまに声をかけていただいています。特に福岡時代の取引窓口だった課長クラスの人たちが役員になっているので、何かしら理由をつけては出張して、飲んだりしてますしね。そういった関係で何か新しいことができるかもしれない、と思えるようにもなりました。

＊＊＊＊＊＊＊＊＊＊＊＊＊＊＊＊＊

会社での生活は、一般的には60歳、あるいは65歳までですが、人生はそうではない、ということを思い出さなくてはいけません。そのことを喪失感として捉えるのではなく、また新しいことができる、という前向きさで捉えるようにならなくてはいけない。

そのためには、**過去の自分のキャリアをすべて肯定的に捉えることがとても大事なのです。**

まだ社内に出世ルートが残っていたらどうするか

50代からさらに出世を目指せるかどうか、ということは50代になってから考えるのが難しい問題です。少なくとも今いる会社でその可能性があるかどうかは、自分自身でもうすうすわかっていることでしょう。

この章の初めに書いたように、そもそも人事の仕組み的に、そのような選択肢が残されていない場合が多いのも事実です。

とはいえ、50代から出世ルートが残っている場合もありますし、初めからあきらめてしまう必要はありません。むしろ普通に活躍していて、そこから役員に昇進したという人もいるのですから。

近年の経営層の人事トピックで最も多く語られるのが経営者の育成です。ただ、経営者の育成、という点については皆一致するのですが、そこから先で意見が分かれてしまうことがあります。

それは、何歳くらいの経営者が最も活躍できるのか、ということです。分かれる意見は三つあります。

第一の意見は、若手を選抜すべきだというもの。実は私自身この意見を強く推していますし、人事改革の際には、「35歳の役員を育てられる仕組み」の構築を提言することも多いのです。激しい環境変化の中で、時代に合わせた新しいものをつくっていくためには若手に任せるしかない、という考え方です。そして年長者がそのサポートをしていけばよい、と考えます。

しかし若手の選抜については根強い反対意見があります。経営層としての判断をするためには、やはり年を経た経験が必要だ、という意見がその最たるものです。これは第3章で紹介した、年を取って伸び続ける結晶性知能の代表として判断力があることからも納得性があります。

第二の意見は、だからこそ年長者が経営を担うべきだというものです。具体的にはやはり50代以上が経営を担うべきだというもので、表立って強く主張されることは少ないのですが、多くの人が内心そう感じています。

そもそも年長者が経営層になることについてはっきりとした反対意見を述べることは難しいのです。特に会社の中だと、年長者はそれなりの権力を持っています。彼らに対して「あなた方は経営層にふさわしくない」なんてことを言おうものなら、それこそすぐに居場所がなくなってしまうでしょう。

また、多くの企業で経営層が「あがり」としてのポストになっているという事実もあります。その場合には経営層は経営を担わず、部課長クラスが実質的に事業を運営します。そのような状況は、それはそれで成り立っているのですが、そのままで会社が生き残れるのか、と言えばどうでしょうか。

第三の意見は第一、第二の意見の中間に位置するものです。ちょうど40代で経営層になることが最も活躍できる、という意見です。現実的にはこの年代が最も向いているのかもしれません。しかし一番活躍できる／している世代だからこそ、それは単なる現状肯定でしかなくなる、という第一の意見からの反対や、40代もまだまだ若造だ、として年長者の立場を守ろうとする第二の意見に押されてしまいがちです。結果として40代経営層が増えることはあるけれど、あらかじめ40代で役員を構成することを定めようという取り組みにはなりづらいのです。

さて、このうちどの意見の会社だと50代からの出世が見込めるでしょうか。

答えは実は、第一の意見の会社です。

第一の意見を取り入れる会社は、若手を抜擢することを目的として改革を進めているのではないからです。

要は「最も適している人にその役職を与えよう」という意見が第一の会社です。だからこそ、50代で執行役員になっていなくても、環境変化の中で最適な経験とスキルを持っていると判断されれば、経営層のポジションに就ける可能性もあるのです。

このタイプの会社では、40代後半の中途採用の人についても積極的に昇進させてゆくことが特徴です。ちなみに第一の意見の会社だからといって、実際に30代で経営層になることは稀です。だからこそ、50代からの最適なスキルを持った人の登用が現実的になるのです。

ある大企業で、56歳の中途採用を受け入れて部長に配置し、その2年後に執行役員にしたうえで子会社社長を任せた例もあります。

その方の経歴やスキルを見るとやはり尖った専門性を持つとともに、過去の勤務先でのつながりを丸く保ってきていました。普通なら「あがり」の年齢かもしれませんが、おそらく60歳以降も高みを目指してさらなるキャリアを積んでいかれることが予想できます。

複数のグループに所属すれば、複数の果実を得る

50代からの出世、あるいは自分らしい生き方。どんな形にせよさらに高みに上る生き方を選ぼうとするとき、変化を素直に受け入れる必要があります。

とはいえ人はメディアからの情報だけで変化を感じきることができません。政治の影響で景気が良くなった、悪くなった、という話をテレビで見たところで、自分の生活がどうなっているのか、という視点で物事を考えてしまいます。自分の生活は良くなっているけれども、周りの景気はあまりよくないなぁ、と理解することは何とかできたとしても、その逆に自分の生活が悪化しているのに、自分だけ景気に乗り遅れているんだなぁ、とは考えられないものだからです。

ではどこからの情報だと変化を感じられるのかと言えば、それは身近な人たちからの直接の話です。それもできれば顔を合わせて、表情や手ぶりを見ながらの言葉を聴けた場合です。

変化に対して前向きになるためにも、直接話を聴ける場所をたくさんつくっておくことが50

代では重要になってきます。

ともすれば薄れていく今のコミュニティを惜しむのではなく、ここから新しいコミュニティをつくっていくということでもあります。

50代であれば、実際に多くの異なる属性の集団に属しているはずです。今の職場の中だけでも、異動前の部署や転勤前の部署があるかもしれません。社外で言えば親しい取引先との関係もあるでしょう。また同じ専門性でのつながりがあるかもしれません。少し間が空いているかもしれませんが、学生時代のつながりを持っている人も多いことでしょう。

思い出した順で構いません。これらのつながりを再度つなげてみることをお勧めします。やってみるとわかりますが、10年ぶり、20年ぶりに会う人たちであっても、まるで先週会っていたかのように話せるのが、この年代の再会です。それに相手が同じ50代であれば、彼らにも喜ばれることになります。

久しぶりに声をかけてみるだけで、新しいコミュニティが生まれるきっかけになるのですから、やってみない手はないでしょう。

また、最近だと副職を持つことを認める会社も出てきました。会社に内緒でアルバイトをしている、という状態ではなく、堂々と別の仕事も行える。そんな会社に今属しているのであれば、前向きに副職を持つべきです。

会社によっては50歳前後でキャリア研修を用意している場合もあります。これは定年が見えてきたタイミングで、自分自身のキャリアを振り返り、退職後の生活設計を考えるきっかけとして提供される研修です。会社によっては同じタイミングで、早期希望退職を募っていることもあります。

仮に50歳時点の年収が800万円で、この時点で退職した場合の退職金が1500万円としましょう。一方で60歳定年時の退職金が2500万円だとして、60歳までの間、じわじわと年収は下がりますが、平均すれば650万円×10年で6500万円は受け取れることになります。

このとき、もし50歳時点で早期希望退職に応募するのであれば、60歳時点の退職金を満額支払う（つまり1000万円の退職金増額）ことに加えて、1年間の再就職先を探す期間を与える、というような条件が提示されたりするのです。その期間は普通に月給は受け取れるけれど会社に来る必要はなくて、転職なり起業なり自分で準備していて構わない。ただし1年後には必ず退職してもらう、というようにするわけです。

もし自分自身の専門性やつながりに自信があるのなら、早期希望退職は決して悪い選択ではありません。誰しもいずれ社外に出るのですから、それが少し早くなるだけのことなのです。むしろそうやって**新しい環境に飛び込んでいくことで、新しいコミュニティへの参加機会を増やすことになります。**

ベンチャー転職や起業でリベンジを目指すなら

ベンチャー転職や起業という選択肢を考える人もいるでしょう。ただ、最低限理解しておかないといけないことがあります。それは**ベンチャー転職や起業は、大きな夢を描ける反面、新卒よりもさらに腰を低く保たなければいけない**ということです。

実際にベンチャーに転職して失敗するのは、前職の役職を引きずるタイプの人たちです。あるベンチャーに経営層の一人として迎えられた50代の人がいましたが、まだ20名ほどのその会社で、いきなり前職と同じようなコミュニケーション方法をとって、すぐに追い出されてしまいました。創業者をはじめ全員がまだ30代までの人たちだったのですが、創業者以外に対しては基本的に丁寧語を使わない。女性社員に対しては「ちゃん」付けで一般職扱いをする。セクハラ、パワハラぎりぎりの言動も当たり前でした。さらにすぐに酒に誘っては、第2章で示したようなメモハラ（メモリーズ・ハラスメント）をやってしまっていたのです。

「おまえらの働き方は、俺の時代だったらあり得ない！　そら、男だったらもっと飲め！」という言葉を横で聞いたことがありますが、多くのハラスメントが混じり合った素晴らしいセリフだと、むしろ感動を覚えたくらいです。

起業して失敗していくタイプも同様です。起業したての人だとさすがに部下がいないのでセクハラ、パワハラはできませんが、メモハラが強烈になることが多いようです。ちょっと取引ができそうになるとすぐに前職で自分がどれほどのことをしてきたかを取引先に話したりする。それもまたメモリーズ（記憶）に基づくハラスメントです。結局これから何を提供してくれるのかを具体的に話さないまま、「私と取引できるあなたは幸運だ」という話をされてもしらけるばかりです。

実っていない稲穂ほど反り返るように、会社の外に出て通用する専門性やつながりを持っていない人ほど、自分を認めさせようと強がる傾向があるのかもしれません。

もしあなたが起業を自分のキャリアとして視野に入れているのであれば、いきなり起業するよりも、会社にいる間に起業に近い活動を試してみることをお勧めします。それは具体的に次のような手順を踏みます。

①まず法人を設立する

②提供できるサービスや商品を何でもいいから営業してみる

③契約書を作成する

④サービスや商品を提供する

⑤請求書を送付し、入金を受ける

これらは起業するときに行う、ごくあたりまえの手順です。ただしこれらを、在職中に行ってしまうことがポイントです。少々費用もかかるので、起業を視野に入れている人だけに考えていただいたほうがよいでしょう。

まず①の法人設立ですが、自分でやるにせよ24万円ほどの費用がかかります。銀行に預ける資本金として少なくとも100万円ほども必要だったりしますが、そのあたりの詳細は法人設立についての本を読んでみてください。

在職中に法人を設立する意味ですが、これは働く意識を大きく変える効果があります。法人とは、法で定められた人格ですから、子どもが生まれたときと同じような感慨を抱く人もいるくらいです。経営者、という立場になると、そもそも「経営者の視点を持ちましょう」と言われずとも経営者になっているわけです。これればかりは実際に手間暇をかけてやってみないと実感できませんが、それだけの効果は確実にあります。

その上で②〜⑤の活動を行っていくのですが、なぜそもそも①の法人設立をするのかと言えば、もちろん経営者視点を持つこともそうなのですが、売上を個人としての収入にしないためです。人件費は実はゼロでも構わないのです。その分だけ法人税を払う必要はありますが、会社にばれることは絶対になくなります。これをもし個人事業としてやっていたら、よほど給与担当がのんびりした人でなければ、おそらくばれてしまうことでしょう。

②〜⑤の活動の中で、②と④がなければ始まらないので、ここはそれぞれで頑張ってみてください。

ただ、個人として起業したときに大きくつまずくのが③の段階です。契約書を作成して合意を得る、ということに慣れていなければ、とても面倒な作業に感じることでしょう。また最初のお客様は顔見知りである可能性も高いので、口約束だけで済まそうとする場合もあります。

しかし起業を考えるのであれば、法律に基づく活動に慣れておかなければいけません。現職で契約書を作成したことがある人なら、それと同じレベルでの契約書を整備するよう心掛けておきましょう。

最後に⑤の請求書の送付と入金ですが、個人事業程度の会社だと、先方からぞんざいに扱われることも多いのです。細かい話、契約書や請求書に書いていないからというだけで、振込手数料を差し引かれて入金される場合もあります。

これらの一連の作業は、**実際に起業する前に会社員の状態で経験しておくと、その後がずいぶん楽になります。**また、その結果として、今の仕事の自信につながってくる場合もあるので、費用と手間暇はかかりますが、ぜひ検討してみましょう。

60代からの遅咲きは、心も体も強くする

この章の最後に、60代の遅咲きについて考えてみます。

やがてくる60代は私にとって10年以上先のことで、具体的な想像は難しく感じています。けれども途中で事故でも起きない限り、確実に私も60代になります。この本を手に取っていただいているあなたも、やがて必ず60代になるでしょう。

体力は今よりも衰えているでしょう。暗記力などの流動性知能も同様だと思われます。一方で、今よりも経験を積んで判断力は高まっている可能性は高いでしょう。結晶性知能は、年を経るごとに高まるからです。

マイナスもあれば、プラスもある。

その**人生の価値のバランスを自分の中でとってゆくのが60代だと感じています**。

会社に勤務している時点で、そもそも人生はプラスの状態です。働いてその対価を定期的に得られるということは、安定性を含めて大きなプラスの状態に他ならないのです。

しかし60代になるとそれはあたりまえではなくなります。

役員であったとしても65歳前後が任期となっているでしょう。そこから先は、なんらかの職に就いたとしても、それほど長く勤められるものではありません。

だからこそ、そこからさらにどう咲くかを考えることは刺激的だと考えています。

もちろん自分が咲くだけでなく、後輩や子どもたちを咲かせる選択もあるでしょう。

変化が激しい時代だからこそ、新しいことを受け入れ、自分の中に専門性を持ち、つながりを大事にしていくという人生の基本をしっかりと守っていれば、年齢に関係なく、いつまでも強くいられるだろう。そう考えています。

処方箋④

「もう一花咲かせたい」50代がやっておくべきこと

□新たなコミュニティをつくってゆく

□過去の自分のキャリアをすべて肯定的に捉える

□変化に対して前向きになる
　そのために、直接話を聴ける場所をたくさんつくっておく

□実際に起業する前に会社員の状態で経験しておく

□人生の価値のバランスを自分の中でとってゆく

終章

遅咲きで
成功する人、
しない人

CASE⑤

飲食業
Eさん

「なぜあんな
ダメ同期が、
トップに
なったのか……」

逆転や遅咲きを非難する人がいます。

「あいつよりも自分のほうができるのに」「あんな失敗をしておいてよく戻ってこられたものだ」というように、陰口を、いや時には表立って非難する人だっています。

こういう非難をする人は、実はその後の自分の可能性をつぶしてしまっていることに気付かなければいけません。しかし残念ながら、なかなかわかってくれないということも事実です。

ある飲食チェーンで創業社長が退き、次の社長には副社長が就くものと思われていました。しかしふたを開けてみれば、アルバイトからたたき上げて一度は役員になったものの、ある地域への出店に失敗して降格されていた60歳手前の部長が社長に抜擢されたのです。

そのことについて、比較的温厚な副社長は特に何も言わず、「自分がいると彼もやりにくいだろう」と社長と一緒に退任されました。しかし他の役員たちは口々に不平不満を並べ立てました。それこそ本当に、「仕事ができない人を社長に据えてどうする」「エリア出店の失敗でどれだけの損失が出たと思っているんだ」「そもそも年寄り過ぎる。これから何年やれると思っているんだ」、などなど。

しかし一度は降格したこの方を再び引き上げた創業社長の判断基準は、とてもわかりやすいものでした。

なぜ彼が？　という皆の質問に対する答えは、

「言い訳をしない。失敗から学んでいる。そして、人を育てている」

というものでした。

たしかに新社長は、話す言葉は流暢ではありませんが、朴訥《ぼくとつ》に部下を育てる人で、多くの店長から慕われていました。そしてデータを調べてみれば、エリア出店の失敗以降、彼が立ち上げた店舗はどれも順調に成長していました。

創業社長は役員たちを前に、こういう話をされました。

「そもそもエリア出店の失敗は彼だけの責任ではなく、会社全体の責任であるし、ひいては私の責任でもある。けれども彼はそういったことをいっさい口にせず、すべてを自分の責任として降格に従った。あのとき、君たちの誰が、自分にも責任があると手を挙げたかね？」

その言葉に役員たちは黙り込みました。

「飲食業の財産は人だ。人がいなければ店は成り立たない。今、価格競争が厳しい時代だからこそ、人による付加価値で勝負しなければいけないのだから、一番たくさん店長を育ててきた彼を社長に据えるのは当然だろう。それとも誰か彼以上に店長を育てた人はいるかね」

何も答えない役員たちを見渡しながら、創業社長は満足したようにうなずきました。

その隣で小さくかしこまっている新社長の姿が、妙に印象的だったことを覚えています。

若いときにたくさん失敗している

苦労の後で逆転する。つまり、遅咲きしやすい人の特徴に、たくさん失敗している、ということがあります。

若いときの失敗は、そのまま人事評価に反映されます。またプライベートでの失敗がビジネスに影響することもあるでしょう。それぞれの失敗の場面では、自分が大変なことになるだけでなく、周りを騒がせることも多くなります。

実際、私自身もたくさんの失敗を経験していますし、私の周りにいる人たちでも順風満帆という人は皆無です。

若くして事業に成功したので、その資金で次のビジネスを立ち上げてみたらほぼ全部なくしてしまった、という人もいます。ヘッドハンティングにあって意気揚々と転職してみたら、その後の環境変化で収入も激減して、プライベートな生活にまで大変な影響を及ぼしてしまったという人もいます。失敗して、いろいろなものをなくして、そうしてつらい思いをしてきた人たちがたくさんいます。

しかしなぜか、**たくさんのひどい失敗をしてきた人ほど、今大きく成功している**ように思います。逆にそれほど失敗せずに無難に過ごしてきた人たちは、なんとなく平凡な状態にあるように思うのです。

もちろん平凡な状態が悪いわけではありません。平凡こそが最高の成功だと考える人もいるでしょう。また、ひどい失敗をした人の中には本当に表舞台から消えてしまったがために、今ここにいないということもあるのかもしれません。

しかし失敗に対する二つの姿勢がその後の成功を左右しているのではないか、とも考えるのです。

第一の姿勢は、失敗する可能性があるときに、行動するかしないか、ということです。

たとえば起業して成功しているタイプの人たちの多くは、いずれも20代で会社を辞めて創業しています。彼らがいた会社は大企業や先進企業で、辞めて起業なんてばかなことをするな、とずっと言われ続けていました。

しかし実際にそんな助言を振り切って起業した人たちは、自社を上場させたり、世界各国に支店を作るようなグローバルなビジネスをしたり、あるいはもといた企業よりもさらに先進的なチャレンジを試みていたりします。

転職についても同様です。入社3カ月で超優良企業を退職した人は、その後別の企業で役員手前にまで出世しています。誰もが、今の会社を辞めるなんてもったいない、ということを話すからこそ、あえてそれを振り切って転職した人ほど、その後成功している傾向が強い。逆に、その会社にいつまでもいるよりも早く転職したほうがいいよ、と言われ続けているのにずっとしがみついている人は、どちらかといえば平凡に生きているようです。

もちろん、起業や転職に失敗した友人たちもいます。しかし彼らは、その失敗をあっさりと乗り越えて、今も元気に活躍しています。それは次に示す第二の姿勢が理由になっています。

第二の姿勢は、実際に失敗したときの受け止め方です。

失敗したからもうダメだ。あのときそうするんじゃなかった。

そういう考え方の人は、しばらくしてから復活はするのですが、落ち込んでいる期間が長くなりがちです。

一方で、失敗はたまたまだったな。とりあえずやってみてダメだということがわかっただけよかったな。そう考えられる人は、たとえ失敗したとしても後々に成功できています。

この**二つの姿勢がまさに、遅咲きに必要なメンタルをあらわしている**のです。

あなたの周りにもいるんじゃないでしょうか。いくらへまをして叱られても、まったく反省していないように見える人たちが。実はそういう人たちほど、遅咲きに向いているのです。それも飛躍的な成功に。

もちろん失敗してもそのことを単純に忘れてしまうのでは、後々の成功を手に入れるきっかけにはなりません。

実は反省していないように見えていても、遅咲きするタイプの人はものすごく反省しています。ただし、そのことをあまり他人には言いません。夜の部屋に一人でこもって、なぜ失敗したのか、どの時点での判断が悪かったのか、ということをしつこいほどに考え込むのです。

後ろを振り向く反省は、前を向くためにするのでなければ意味がない、ということをわかっているのです。しかしそれでもなお、心に去来する苦しみがあるので、それは一人で受け止める。そういう反省をする人が、次の成功のきっかけを手に入れます。

そのため、遅咲きしてきた多くの人たちは、自分の気分を一気に変える習慣を持っていることも多いのです。それはたいてい、人生において無駄と思われる様々なことです。浪費をするとか、意味のないことに打ち込むとか、あるいは徹底的にひきこもるとか。

ひきつりそうな失敗をしたときほど、笑う。そのために自分を鼓舞する方法を、あなたも考えてみてはいかがでしょう。

夢を語れる相手を持つ

成功とは分かち合うものです。

遅く咲く、時間をかけて高みに上る成功ほど、多くの人と分かち合えるものでなくてはなりません。

もしあなたが遅咲きに成功したと考えたタイミングで、一人で自己満足の笑みを浮かべているとしたら、それはまだ十分に成功できていないということです。

たとえば20代で親が要介護の状態になり、会社を辞めざるを得なくなった人がいます。それから10年ほど、彼はパートタイムや在宅の仕事を請けながら、親の介護に尽力してきました。やがて介護が終了したことをきっかけに彼はビジネスの世界に戻ろうとしましたが、もちろんそこでたくさんの壁に突き当たりました。10年間のキャリアの中断を乗り越えるのはとても難しいことだったからです。

それでも彼は戻ってきました。その時点で彼はこう言い放ちました。

「ざまあみろ、ってね、思ってます。介護離職なんてかわいそう、って言いながら、かつての同僚たちは復帰の手助けなんてしてくれませんでしたからね。全部自力ですよ。俺は自力でこれだけやれるんだ。おまえらとは違う、って思ってますよ」

ああ、彼はこのままだとまずい状態になるなぁ、と注意をしましたが、聞き入れてはもらえませんでした。

しかしそれから数年して、「あのときはひねくれていましたね」と照れたように笑ってくれたのです。

「あのとき、僕が仕事に戻ったからといって、誰も喜んではくれてないと思っていたんです。でもそのあとで、かつての同僚とか友人とか、いろいろな人にあいさつに行ったら、たくさんのきっかけをもらえました。中には、泣きながら『10年間、よくやったよな』と言ってくれた人もいたんです。ああ、これだけの人が喜んでくれているんだ、と思うと、ひねくれていた自分の考えがばからしくなりました」

それがただのひねくれている状態なのか、遅咲きと言える長く続く成功なのかは、一緒に喜んでくれている人がどれだけいるかでわかります。あるいは、人数は少なくても、本心から喜んでくれている人がいるかどうか。

遅咲きは、悔しさをきっかけにすることもあります。しかし悔しさだけをきっかけとして、人を見返すことを目的として成功しようとしても、うまくいかないことが多いのです。成功のためには人とのつながりが必要ですし、それが丸くて偏っていない状態が必要だからです。

そのためには、自分がどうなりたいのか、ではなく、何をしたいのか、を考え、それを周りの人に話してみましょう。できればそれは誰かを幸せにするものがベターです。

役員にまで出世したい、というのは自分がどうなりたいか。今の会社で役員になって、もっと良いサービスをより多くの人に安く提供したい、ということが何をしたいのか、ということです。

幸せにする対象はもっと小さくても構わない。お金持ちになりたい、ではなく、お金持ちになって家族に不安のない生活を送らせてあげたい、ということでも十分です。

それらはきっと一つではなく、いくつもいくつも生まれてくるでしょう。それらをすべて自分の夢として、周囲の人に話していければ、あなたが成功したときに喜んでくれるようになります。**あなたの夢を周囲に語ることは、あなた自身のファンをつくることに似ています。**

心のどこかでいつも自分を信じている

夢がたくさんになって、とても実現できないような大きな夢が出てくると、いつしか自分が口先だけの人間のように思えてくることもあります。

それでも自分を信じ続けられる人が、最後に成功します。成功できない人は誰かに裏切られてそうなるのですが、**最初に裏切っているのは、実は自分自身なのです。**

自分だけでも自分を信じる。そのためにはスポーツ選手が行うようなルーティンを持つことも有効です。

生活におけるルーティンには様々なものがあります。

メモを取る、自分にメールを送る、クラウドでのクリッピングサービスを用いて気になる情報を常に集めておく、といったちょっとしたビジネス上のテクニックもそうです。

30代、40代、50代と年齢が高くなるにつれ、健康志向が強まるのは、自分に自信を持ち続けるための効果も大きいものです。

自分に元気をくれる人たちとの集まりを続けることも良い方法です。定期的に見知った人の集まりやセミナーに顔を出しながら、日々の活力を得ている人もたくさんいます。

あるいは、自分の価値を思い出させてくれるメンターを持つ人や、迷ったときの判断基準をくれる師を持つ人もいます。

どのような方法でもいいのですが、**落ち込んだときにもう一度自分を信じられるきっかけを与えてくれる方法を習慣化しましょう。**

ヨーロッパの人は一年の始まりにバカンスの日程を決めると言います。それもまた、自分の価値を思い出すきっかけになっています。どれだけ仕事に打ち込んだとしても、この期間には必ず休みを取って仕事から離れる。バカンス期間は、家族で過ごすことで、ビジネスとは違うつながりを再認識し、家族に求められている自分の価値を知る。そうして、またビジネスの場に戻る。

誰かに求められていると感じることも自信につながるからです。

世代を問わず、失敗したときにあとで挽回できるから頑張ろう、と思える人は少数派です。大きな失敗であればあるほど、世界が終わったような気持ちに捉われてしまいます。

しかし大きな失敗をしたからこそ、それを教訓として次の成功を導けるようになる、ということをここまで書いてきました。また、成功していたとしてもそのことに満足しきってしまわなければ、さらに大きな成功を得ることができるということを示してきました。

失敗にこだわることなく次を目指して努力し続ける人、そして現状に満足せずにさらなる高みを目指す人が、さらなる成功を手に入れる。それが遅咲きの構造です。

逆に言えば、失敗にこだわったり、現状に満足してしまったりして立ち止まると、そこが人生のピークになります。

そこまで積み立てたモノの余禄でしばらくは大丈夫でしょうが、気が付けば「昔はよかった」と過去を振り返るだけのメモハラ人生を過ごすことになりかねません。

人生のピークはいくらでも後倒しすることができます。

そのための方法は、この本の中で示してきました。

あなたが人生の中で迷ったとき、またこの本を開いてみてくだされば幸いです。

逆転出世する人の
意外な法則

2016年6月1日　第1刷発行

著　者　平康慶浩
発行者　長坂嘉昭
発行所　株式会社プレジデント社
〒102-8641　東京都千代田区平河町 2-16-1
平河町森タワー 13階
http://www.president.co.jp/
電話：編集 (03)3237-3737
販売 (03)3237-3731

装　丁　竹内雄二
図版作成　大橋昭一
校　正　柳元順子
編　集　木下明子
編集協力　田端広英
制　作　田原英明
印刷・製本　萩原印刷株式会社

ISBN978-4-8334-5097-3
Printed in Japan